상 위 5% 총 서

상위 5%로 가는 지구과학교실 4

지구
과학사

상위 5% 과학총서 편찬 및 집필위원
대표집필_ 구자옥(서울과학고 지구과학과),
신학수(서울과학고 물리과), 이복영(서울과학고 화학과), 백승용(서울과학고 생물과),
김창호(서남대 교수), 김용완(인제대 연구교수), 김승국(서남대 교수)

집필을 도와주신 분
강찬중(동덕여고), 이진주(언주중), 전영희(서울과학고), 옥준석(서울과학고),
홍기택(서울과학고), 정현민(서울과학고), 강진철(성심여고)

기획 (주)불지사 기획실
　　　책임 기획_이향숙
　　　진행_김영순, 정윤경, 김소영, 임상락, 유병수

논술
대표집필_ 신현숙(한국언어사고개발원 부원장)
최윤지(한국언어사고개발원 연구원), 신운선(한우리독서문화운동본부 강사),
김은영(독서교육기관 강사), 김주희(평생교육원 독서논술 강사),
신혜금(평생교육원 논술, 독서치료 과정 강사), 인선주(한우리독서지도사, 한국독서지도연구회 연구원)

교정·교열
이경윤, 장경원, 이승희, 길문숙

그림 이윤정
사진 시몽포토에이전시, 타임스페이스, 연합뉴스
사진 리서치 홍수진(시몽포토에이전시)
디자인 씨오디 Color of dream

상위 5% 총서

상위 5%로 가는
지구과학교실 4

신학수(서울과학고) 이복영(서울과학고) 백승용(서울과학고)
구자옥(서울과학고) 김창호(서남대) 김용완(인제대) 김승국(서남대)

지구과학사

스콜라

과학의 기초, 원리, 개념부터
통합 과학 논술까지 책임진다

　'상위 5% 총서'는 자라나는 청소년들이 '대한민국 상위 5%'가 되기 위해 반드시 알아야 할 학습 내용과 지식을 담은 시리즈입니다. 국내 최초의 학습총서인 이 시리즈를 위해 지난 3년간 각 분야의 전문가 선생님들이 모여 60권의 방대한 분량을 기획하고 집필하여 왔습니다.

　그중 30권을 차지하는 본 과학 시리즈는 특목고, 자립형 사립고 등 상위권 고등학교 진학을 목표로 공부하는 초등학생과 중학생을 대상으로 기획, 편찬하였습니다. 이 과학 시리즈의 특징은 학생들이 '스스로 탐구하고 생각할 수 있도록 이끌어 주는 지팡이의 역할'을 한다는 데 있습니다.

　우리는 우선, 학생들이 어떻게 해야 과학 공부가 즐거워지고, 장차 훌륭한 과학도가 되게끔 인도할 수 있을까를 고민하였습니다. 우리가 가장 중요하게 생각한 것은 이 책을 읽는 미래의 주인공들에게 '과학은 참으로 재미있다', '과학 공부는 해 볼 만하다'라는 흥미를 심어 주는 것이었습니다.

　그래서 오랫동안 교단에서 학생들을 가르쳐 오신 과학 선생님들이 한 자리에 모여 여러 차례 토론과 학습을 거친 끝에, 다양한 경험과 지식, 교육적 노하우를 담아 과학 학습을 총마스터 할 수 있는 30권의 과학총서를 만들게 되었습니다.

　본 과학 시리즈는 모든 학습의 기본인 교과서의 주요 체계를 따라 기초 단계, 응용 단계, 첨단 과학 단계로 분류하여 구성하였습니다. 특히 학교에서 교과서의 제한된 내용을 중심으로 가르칠 수밖에 없었던 아쉬움을 극복하기 위해, 보다 넓은 주제를 제시하고 심화 학습할 수 있도록 하였습니다.

    과학 과목을 공부하는 데 있어서 가장 중요한 것은 원리와 개념을 제대로 이해하는 것입니다. 과학고 선생님들이 주축이 되어 만든 이 책은 지식 전달 위주의 구성이 아니라, 이론이나 법칙, 공식의 생성 과정 등을 상세히 알려 줌으로써 학생들이 원리와 개념을 제대로 이해할 수 있도록 하였습니다. 자칫 딱딱하고 어려워질 수 있는 학습 주제들에 대해서는 실생활과 밀접한 사례나 에피소드를 들어 쉽게 이해할 수 있도록 하였습니다. 동시에 개념과 용어가 나오게 된 배경을 설명해 줌으로써 학생들이 호기심과 흥미를 가지고 읽을 수 있도록 하였습니다.

    이 책을 읽는 학생들은 기초 과학은 물론, 응용 과학, 생활 과학, 과학사, 첨단 과학, 전통 과학까지 입체적으로 바라볼 수 있으며, 과학 전반에 대한 안목과 교양을 쌓을 수 있습니다. 더불어 특목고, 자사고 등 명문 고등학교에서 요구하는 기본 학습 목표에 충분히 도달할 수 있습니다. 또한 점차 큰 비중을 차지하는 논술 공부를 책 끝에 마련하여 새로운 통합 과학 논술의 시범적 사례를 제시하였습니다. 이 부분이 학생들에게 많은 도움이 되리라는 것은 의심할 여지가 없을 것입니다.

    앞으로 우리나라 과학 학습은 단답식이 아닌 서술형 문제에 대한 체계적인 설명 능력의 비중이 커질 것입니다. 원리나 개념을 정확히 이해하지 못한 채 단순 암기식 공부만으로는 이제 문제에 대처해 나갈 수 없습니다.

    이 시리즈에 담긴 탄탄한 학습적 구성과 배경 설명들은 탐구력과 창의력을 목표로 하는 교육 방향과 일치하여, 학생들의 실력 배양에 든든한 밑바탕이 될 것으로 확신합니다.

    교육 일선에서 노력하시는 많은 선생님들과 자녀들 뒷바라지에 노고를 아끼지 않으시는 학부모님들께 다시 한 번 감사드리며, 새롭게 선보이는 '상위 5% 총서' 시리즈에 깊은 관심과 성원을 부탁드립니다.

'상위 5% 과학총서 편찬위원' 일동

머리말

대기, 바다, 지구, 우주에
관한 재미난 이야기

　오래전 제가 다녔던 초등학교에는 교실 복도의 한쪽 끝을 막아서 만든 작은 도서실이 있었습니다. 장서의 양은 많지 않았지만 도서실이 우리 반 바로 옆에 있었기 때문에 틈만 나면 그곳을 들락거렸던 기억이 납니다.

　저는 그곳에서 과학 책들을 읽으면서 저도 모르게 과학자의 삶을 동경하게 된 것 같습니다. 잘 알지 못하는 것에 대해 강한 호기심을 나타내고, 그것을 알아내기 위해 끝까지 탐구와 연구를 포기하지 않으며, 결국은 남들이 알지 못했던 것을 스스로 깨닫게 되는 과학자의 삶이 저에게는 진지하면서도 박진감 넘쳐 보였습니다. 과학자들이 문제를 해결하지 못해 고민할 때는 저도 함께 고민을 했고, 마침내 해결 방법을 찾아냈을 때는 저도 그 기쁨을 함께 느꼈습니다.

　이 책을 쓰는 동안 줄곧 제 머릿속을 떠나지 않았던 생각 중 하나는 제가 어릴 적에 느꼈던 그런 기쁨을 이 책을 읽는 학생들도 느낄 수 있었으면 좋겠다는 바람이었습니다.

　세월이 많이 지나 지금은 책도 많고 정보 통신이 발달해 오히려 정보가 넘치는 시대가 되었습니다. 그렇게 많은 정보를 가지고 있으면서도 사람들은 여전히 한치 앞도 분간하지 못하고 있으며, 때로는 잘못된 정보로 사실과 진실을 왜곡하는 경우도 있습니다. 이제는 정보를 많이 가지고 있는 게 중요한 것이 아니라 정확하고 진실한 정보를 가려낼 줄 아는 것이 더 중요한 시대가 된 것이지요. 만약 영양사가 계획해 놓은 영양 만점의 맛있는 식사처럼 지식도 전문가의 손에서 정성스럽게 선별된다면, 학생들에게 기쁨과 영양을 동시에 줄 수 있을 것입니다. 저는 이 책이 그런 역할을 할 수 있기를 바랍니다.

지구과학은 대기와 바다, 그리고 지구와 우주에 대한 모든 내용을 다루는 학문입니다. 빛의 속도로 수백 년을 가야 만날 수 있는 별들의 탄생과 폭발을 연구하고, 도시 전체를 물에 잠기게 한 태풍을 연구하며, 백두산의 천지와 히말라야 산맥, 그랜드 캐니언이 어떻게 만들어졌는지를 연구합니다. 그래서인지 지구과학을 연구하는 학자들은 흔히 통이 크다는 이야기를 자주 듣습니다.

이 책 지구과학사에서는 지구가 언제 생겼는지, 어떻게 움직이는지, 지구의 생물은 어떻게 등장했고 멸망했는지 보여 줍니다. 지구 생성 순간부터 현재까지 지구의 역사를 살펴볼 수 있는 것입니다. 또한 지구과학자들의 삶을 통해 지구과학의 발전 과정을 자세히 알 수 있습니다.

저는 우리 학생들이 이 책을 통해서 지구과학의 재미난 과학적 원리와 개념들을 알게 될 뿐만 아니라 과학자들이 진리에 이르기까지 겪어야 했던 고난과 행복까지도 함께 맛볼 수 있기를 기대합니다. 또 이 책을 읽은 독자 중에 무엇이든 세계 최초로 알아내는 기쁨을 만끽할 수 있는 행운아가 한 명쯤은 나왔으면 좋겠습니다.

대표집필 구자옥(서울과학고 지구과학과 교사)

일러두기

지구과학 여행자를 위한 안내서
본 시리즈 내에서 각 과목의 내용이 어떻게 구성되어 있는지 보여 준다.

관련 교과(관련 내용)
각 장에서 다루는 주제들이 교과서 또는 과학 원리와 어떻게 연계되는지 제시하였다.

과학자 노트
본문에 나오는 과학자에 대한 정보를 알 수 있도록 생애와 업적을 간략히 소개하였다.

그림
학습 내용과 관련된 그림을 제시하여 이해를 도울 뿐 아니라 흥미를 유발하여 학습 동기를 갖게 하였다.

팁
본문에 나오는 어려운 용어, 역사적인 사건, 과학 이론 등을 따로 떼어서 쉽고 자세한 설명을 붙여 이해도를 높였다.

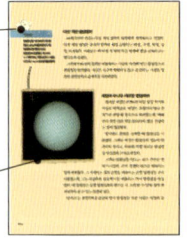

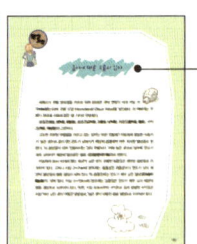

확장 교양
본문 내용과 관련하여 폭넓고 깊은 지식을 별도로 담아 지식의 폭을 넓히도록 하였다.

사진
눈으로 보고 확인할 수 있는 다양한 시각 자료를 통하여 본문의 내용을 깊이 있게 이해하도록 도와 준다.

You Know What?
본문의 주제와 관련하여 알려지지 않은 흥미로운 이야기들, 역사적인 사건 등을 소개한다.

논술로 다시 읽는 지구과학사
책에서 다루는 주제들을 3개의 통합 주제로 묶어 글 읽는 방법, 생각하는 방법, 글 쓰는 요령, 토론하는 자세 등 맞춤형 논술을 제시한다.

찾아보기
궁금하거나 알고 싶은 주제어를 빨리 찾아볼 수 있도록 해당 주제어가 나오는 페이지를 표시하였다.

연대 측정의 역사 01

중학교 2 과학
6. 지구의 역사와 지각 변동 / 지구의 역사
고등학교 지구과학 Ⅱ
5. 지질 조사와 우리 나라의 지질 / 지질 시대

지구의 나이를 밝혀라

우리가 살고 있는 지구의 나이는 과연 얼마나 될까? 과학자들은 지구의 나이가 약 46억 살이라고 말한다. 즉, 약 46억 년 전에 우주에 지구라는 존재가 생겨났다는 이야기다. 그런데 지구과학자들은 어떻게 지구의 나이가 약 46억 살이라는 것을 알아냈을까?

'방사능 연대 측정법'이라는 것이 있는데, 지구의 나이는 이 방사능 연대 측정법을 이용해 알아냈다. 하지만 약 46억 살이라는 지구의 나이를 알아내기까지는 수많은 시행착오와 과학자들의 수고가 있었다.

인간이 처음 지구의 역사에 관심을 가지기 시작했을 때 상상해 낸 지구의 역사는 고작 6,000년 정도였다. 그런데 왜 6,000년이라는 숫자가 나왔을까? 6,000년이라는 숫자가 나온 이유는 서양 역사가 기독교에 바탕을 두고 있기 때문이다. 즉, 성경에 나오는 지구의 역사를 문자적으로 해석한 결과 '6,000년'이라는 계산이 나왔기 때문이다.

그러나 자연 현상을 탐구하던 과학자들은 이 6,000년이라는 숫자에 뭔가 문제가 있다는 생각을 하기 시작했고, 그중 허턴이라는 과학자는 "지구의 나이는 신앙으로 알아낼 수 있는 것이 아니라 오직 자연 과학으로만 알아낼 수 있다"라고 주장하며 교회의 권위에 정면으로 도전하기도 했다.

결국 지구의 나이를 알아낼 수 있는 비밀의 열쇠는 과학자들의 손으로 넘어왔다. 과학자들은 어떤 과정을 거쳐 46억 년이라는 비밀을 발견해 냈는지 알아보자.

과학자 노트

허턴
(James Hutton, 1726~1797)
영국 에든버러 출생의 지질학자이다. 대지가 침식되고, 토양이 해저에 쌓이고, 입자들이 차곡차곡 단단하게 굳어 퇴적암이 만들어지는 것은 파도, 폭풍우 같은 일상 작용과 지진처럼 가끔 일어나는 변동 때문이라고 하는 '동일 과정설'을 주장했다.

현재는 과거를 아는 열쇠

역사 책에서는 중세를 '암흑의 시대'라고 말한다. 로마가 기독교를 국교로 승인한 이후 거의 천 년 이상이나 지속된 중세 시대에는 권위적인 기독교 신앙이 지배했기 때문에 금욕과 경건한 생활이 강조되었다. 또 신앙에 위배되는 그 어떤 사상과 자유로운 생각도 허용되지 않았다. 이 때문에 문명의 발달은 물론 과학의 발달까지도 침체되었으므로 중세를 '암흑의 시대'라고 불렀다.

그런데 당시 권위적이었던 교회에서는 성경에 나오는 천지 창조부터 현재까지의 역사를 계산하여 지구의 나이가 약 6,000년이라는 결론을 얻었고, 사람들은 이것을 기정 사실로 받아들였다.

그러나 이러한 지구의 역사는 오로지 신앙에서 나온 것으로 과학적인 근거는 전혀 없었다. 그럼에도 불구하고 중세 교회는 여기에 의문을 품는 사람들은 누구를 막론하고 엄벌에 처했다.

실제로 프랑스의 팔리시라는 사람은 지구의 역사가 6,000년보다 훨씬 더 오래되었을 것이라고 주장했다가 화형을 당했다. 이러한 상황 속에서 스코틀랜드의 제임스 허턴은 1788년 《지구의 이론》이라는 책을 통해 "현재는 과거를 아는 열쇠다"라는 말과 함께 현재 지구의 모습을

과학자 노트

라이엘

(Charles Lyell, 1797~1875) 영국 스코틀랜드 포퍼셔 출생의 지질학자. 옥스퍼드 대학에서 법학을 전공하여 변호사가 되었지만, 지질학 강의를 들은 뒤 흥미를 느껴 지질학 연구에 몰두했다. 특히 화산 활동에 흥미가 있던 그는 유럽과 미국의 특징적인 지형을 직접 탐사하여 자신의 이론을 검증했다. 1830년 《지질학 원리》라는 책을 출판하는데, 이 책에는 지질의 연대기를 정하는 데 필요한 많은 정보와 원리가 실려 있다.

퇴적물

풍화 작용으로 만들어진 암석 파편이나 생물의 유해 등이 물의 흐름, 바람, 빙하 등으로 운반되어 해양이나 육지의 지표면에 쌓인 것.

토대로 과거 지구의 모습을 알아낼 수 있다고 주장했다.

허턴은 현재 퇴적물이 쌓이는 시간을 계산했고, 그 결과 지구의 역사가 6,000년보다 훨씬 더 오래되었다는 사실을 알아냈다. 그러나 그는 이 이론으로 주목을 받기도 전에 세상을 떠나고 말았다.

6,000년을 무너트리다

비록 허턴의 주장이 크게 주목받지는 못했지만, 당시 과학자들에게 영향을 준 것은 사실이다. 허턴의 친구였던 제임스 홀은 허턴이 죽고 난 후 허턴의 이론을 지지하는 내용의 책을 출판했다. 그는 허턴의 주장을 증명하기 위해 500번 이상의 실험을 했다고 한다.

이후 여러 과학자들의 연구 결과가 속속 발표되면서 지구의 역사가 6,000년이라는 주장은 서서히 무너졌다.

1830년대 초, 영국의 찰스 라이엘은 《지질학 원리》라는 책에서 지구의 나이가 분명히 6,000년 이상이라는 확실한 증거를 제시한다. 그도 역시 허턴의 이론을 지지하면서 과거의 지질학적 조건과 과정이 현재와 닮았다는 주장을 한 것이다.

특히 이론적으로만 주장한 것이 아니라 당시 유럽과 북아메리카를 돌아다니며 수집한 자료들을 증거로 제시했기 때문에 많은 사람들이 그의 주장을 믿게 되었다.

이로써 성경에 바탕을 둔 6,000년이라는 지구의 역사는 서서히 무대에서 사라지고, 사람들의 관심은 지구의 역사가 얼마나 되었을까에 집중되었다. 영국의 핼리는 약 1억 년이라고 주장했고, 프랑스의 뷔퐁은 75,000년, 영국의 캘빈은 2,000만 년이라는 주장을 했지만, 그중 누구의 주장도 설득력을 가지지는 못했다.

과학자 노트

캘빈
(William Thomson Baron Kelvin, 1824~1907)
영국 글래스고 대학의 자연사 교수이자 열역학 전문가. 지구가 용융 상태에서 서서히 냉각되었다는 가설 하에 지구의 나이를 계산한 결과 지구의 나이가 2,000만 년이라고 주장했다.

지질학

지구를 이루는 물질들의 형성 과정, 지각의 구조, 지각의 변화 과정, 과거에 살았던 생물들의 화석 등을 연구하여 지구의 역사를 밝히려는 자연과학의 한 분야이다.

19세기 말, 지구과학자들은 모였다 하면 지구의 나이가 얼마일까에 대한 이야기를 하느라 정신이 없을 정도였다. 이렇게 지구의 정확한 나이를 알아내는 데 많은 어려움을 겪고 있을 때, 모든 논쟁을 멈추게 한 사건이 일어났으니 바로 방사성 물질의 발견이었다.

비밀의 열쇠를 쥔 방사성 물질

방사능이란 우라늄 같은 방사성 물질이 지속적으로 뿜어내는 광선을 말한다. 그런데 이러한 방사성 물질을 이용하여 지구의 나이를 알아낼 수 있다고 주장하는 사람이 나타났다. 이를 방사성 연대 측정법이라고 하는데, 그 중심에 서 있었던 지구과학자가 바로 영국의 아서 홈스이다.

홈스는 암석 속에 포함된 방사능을 활용하여 지구의 나이를 알아내는 데 일생을 바쳤다. 놀랍게도 그는 이 방법으로 현재 과학자들이 인정하는 46억 년과 거의 비슷한 값을 얻어냈다. 그가 지구의 나이를 알아낸 방법은 도대체 무엇일까?

지구 상에는 방사선을 지속적으로 내고 있는 방사성 물질이 약 40여 종 존재한다. 이들은 대부분 동위 원소의 형태로 존재하는데, 암석이나 생물체의 몸속에 들어 있는 이러한 방사성 물질은 지속적으로 방사선을 내면서 붕괴해 다른 물질로 변한다.

따라서 현재 어떤 물질 속에 들어 있는 방사성 물질의 양과 처음 존재했던 방사성 물질의 양의 비율, 그리고 이들이 붕괴되는 속도만 알면 그 물질이 생성된 연대를 알 수 있다는 결론이 나온다.

홈스는 이러한 방법으로 지구의 나이를 계산하는 일에 몰두했다. 문제는 가장 오래된 암석을 찾는 일이었다. 그는 드디어 북극 부근의 얼음 섬인 그린란드에서 지구에서 가장 오래된 암석을 찾았다. 그 암석으로 방사성 연대 측정법으로 계산해 보았더니 약 34억 년이라는 결과가 나왔다.

물론 이것 역시 정확한 지구의 나이는 아니었으나 그의 계산 방식만큼은 대부분의 과학자들이 인정한다. 결국 1953년, 클레어 패터슨과 해리슨 브라운은 이러한 홈스의 연구 결과를 바탕으로 지구의 나이가 46억 년이라는 결과를 얻는데, 그들이 이용한 암석은 놀랍게도 지구의 암석이 아닌 운석이었다.
　운석이란 우주에서 날아온 돌이다. 결국 지구의 정확한 나이는 지구에 있는 암석으로는 도저히 찾을 수 없었고, 태양계에서 만들어져 지구로 떨어진 운석이 해결해 준 셈이다.

홈스의 외도

아서 홈스는 어릴 적부터 지구 나이에 대한 과학자들의 논란에 관심이 많았다. 그는 관심 분야를 계속 공부하여 1912년 영국 런던 임페리얼 칼리지의 지질학 분야 조교가 되었다.

그는 조교일 때 결혼해 아들을 두었는데, 쥐꼬리만 한 조교의 수입으로는 가정을 유지할 수가 없었다. 그때 요마 석유 회사에서 유혹의 손길이 뻗쳐 왔고, 결국 그는 유혹을 이기지 못하고 이 회사에 들어갔다.

이 회사에서 지질학 전공을 십분 살려 유전을 찾는 일에 최선을 다했으나, 회사가 그만 도산하고 말았다. 회사의 도산으로 그는 임금을 받지 못했고, 생활은 무척 어려워졌다. 이런 가운데 슬픈 일이 겹쳤으니, 아들이 세상을 떠난 것이다. 홈스는 극도의 절망과 좌절 속에서도 당장의 경제적인 문제를 해결해야 하는 상황에 놓였다.

할 수 없이 홈스는 장식품을 파는 상점을 열어 생계를 유지해 나갔다. 지구의 나이를 꼭 알아내고 말겠다던 어릴 적 꿈은 서서히 사라지는 듯했다. 그러나 어려움에 빠져 있던 홈스에게 새로운 기회가 찾아왔다. 당시 더럼 대학에서 지질학 강사를 찾고 있었는데, 그 자리에 홈스가 적격이었던 것이다. 결국 홈스는 이 대학에서 다시 연구에 몰두할 수 있었고, 결국은 지구의 나이를 알아내는 데 결정적인 역할을 한다.

홈스의 지구 나이 계산법은 지금도 교과서처럼 여겨지며, 태양계의 나이를 계산하는 데에도 사용되고 있다. 홈스의 인생이야말로 고생 끝에 낙이 온다는 말을 실현시킨 한 편의 드라마라고 할 수 있다.

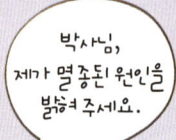

고생물학의 창시자 퀴비에 02

중학교 2 과학
6. 지구의 역사와 지각 변동 / 지구의 역사
고등학교 지구과학 II
5. 지질 조사와 우리 나라의 지질 / 지질 시대

고생물의 멸종 사실을 발견한 퀴비에

코끼리처럼 생겼지만 몸에 털이 나 있고, 거대한 엄니를 자랑하는 동물은 무엇일까? 바로 매머드이다. 그러나 우리는 매머드를 영화나 만화에서만 볼 수 있다. 매머드는 오늘날의 지구에는 살지 않는 '멸종 동물'이기 때문이다.

지금은 모든 사람이 매머드가 옛날에는 존재했으나 지금은 멸종됐다는 사실을 알고 있다. 하지만 불과 18세기까지만 해도 이러한 사실을 아는 사람은 거의 없었다.

이런 상황에서 매머드뿐만 아니라 여러 종류의 멸종 동물이 있다는 사실을 밝혀낸 사람이 있었으니 바로 프랑스의 퀴비에였다. 퀴비에가 처음 이 사실을 발표했을 때 사람들은 그의 말을 믿지 않았다. 200년 전만 해도 사람들은 하느님이 모든 생물을 창조했고, 창조된 생물들은 모두 변함없이 지구에 살고 있을 것이라고 생각했기 때문이다.

과연 퀴비에는 멸종 동물이 있다는 사실을 어떻게 알았을까?

퀴비에가 발견한 멸종 동물, 매머드

매머드

코끼리과의 화석 포유동물. 몸의 길이는 4미터 정도이며, 털로 덮였고 굽은 엄니가 있다. 4만 년 전부터 1만 년 전까지 생존했던 동물로, 시베리아에서 화석으로 자주 발견된다. 유라시아, 북아메리카 등지에 분포했다.

고생물

지질 시대에 살았던 생물로, 화석이나 퇴적물의 자료에서 그 체제, 구조, 생태 등을 추정한다.

해부학자가 바라본 화석

퀴비에는 대학에서 경제학, 동물학, 해부학 등을 공부했다. 그는 특히 화석으로 남아 있는 동물들에 대해 관심이 많았다.

화석은 고생물이나 생물의 흔적이 퇴적암 속에 묻혀 지금까지 남아 있는 것을 말한다. 화석은 주로 생물체의 일부만 발견되기 때문에 화석만으로 그 생물의 전체 모습을 알아내기란 쉽지 않다.

그러나 동물학과 해부학을 전공한 퀴비에는 단순한 뼛조각 하나만으로도 동물의 전체 모습을 그려 낼 수 있었다.

어느 날 퀴비에는 코끼리의 화석을 연구하다가 그것이 현재 살고 있는 코끼리와 전혀 다른 모습이라는 사실을 알게 되었다. 화석 속의 코끼리는 지금의 코끼리와는 달리 털과 거대한 엄니가 있었다. 그런데 오늘날에는 코끼리와 비슷하면서 털과 거대한 엄니를 가진 동물은 존재하지 않는다. 퀴비에는 이 동물이 과거에는 지구에 살았으나 오늘날에는 존재하지 않는 멸종 동물이라고 생각했다. 이것이 오늘날 우리가 말하는 '매머드'이다.

　멸종 동물이 있을 것이라고는 상상조차 못하던 시대였기에, 퀴비에는 이 연구에 더욱 흥미를 갖게 되었다. 화석 연구에 재미를 붙인 퀴비에는 계속해서 여러 종류의 멸종 동물을 발견했고, 이제는 멸종 동물을 발견하는 것뿐만 아니라 이 동물들이 멸종하게 된 이유도 밝히고자 애썼다.

고생물이 멸종된 원인은 무엇일까

　퀴비에는 어느 날 갑자기 닥친 천재지변으로 생물이 멸종했다고 생각했다. 천재지변이 닥치면 거의 모든 생물이 죽고, 살아남은 것이 번식하다가 또다시 천재지변이 닥치면 거의 모든 생물이 죽고, 살아남은

것이 번식하는 과정이 되풀이된다고 생각했다.

그는 지구 상에 살던 거의 모든 생물이 죽을 정도의 천재지변이 무엇이었을지 알아내려고 했다. 하지만 그의 힘만으로는 도저히 밝혀낼 수가 없었다. 이를 밝히기 위해 지질학 지식이 필요하다고 생각한 퀴비에는 지질학자의 도움을 받아 지층을 연구하기 시작했다.

그는 이 과정에서 지층마다 서로 다른 화석이 묻혀 있다는 사실을 발견했다. 가장 먼저 쌓인 지층에서는 대부분 멸종된 생물의 화석이 발견됐고, 나중에 쌓인 지층에서는 현재까지 살고 있는 생물의 화석이 발견되었다.

퀴비에는 이를 통해 두 가지 사실을 알 수 있었다.

첫째, 지층으로 화석의 생성 시기를 알 수 있거나, 화석으로 지층이 쌓인 순서를 알 수 있다는 사실이다.

둘째, 먼저 쌓인 지층에서 멸종된 생물의 화석이 발견되는 것으로 보아 과거에 어떤 전 지구적인 변동 현상이 있었을 것이라는 사실이다. 즉, 급격한 기후 변화, 화산 폭발과 같은 천재지변이 고대 생물을 멸종시켰다는 이론으로 이러한 퀴비에의 가설을 '격변설'이라고 한다.

격변설

과거 지질 시대에 화산이나 지진 등으로 인한 전 지구적인 변화가 여러 차례 반복되면서 어떤 생물은 멸종하고 어떤 생물은 살아남았다는 가설.

뼛조각만으로 동물의 전체 모습 그리기

퀴비에는 어떻게 뼛조각만으로 사라진 동물의 모습을 알아낼 수 있었을까? 그는 '비교 해부학자'였다. 비교 해부학이란 여러 동물을 해부하고 뼈나 근육 조직을 비교하여 그 분화, 변이, 진화 등을 연구하는 학문이다.

비교 해부학에 능통했던 퀴비에는 지층에서 발견한 뼛조각 하나만으로도 그 동물의 전체 모습을 대강 그려 낼 수 있었다. 퀴비에가 화석으로만 남은 동물을 복원하는 기술은 당시 과학자들조차도 혀를 내두를 정도였다고 한다.

동물이 멸종된 데는 분명히 이유가 있다고!

퀴비에가 발견한 익룡

　다음은 퀴비에가 익룡의 화석을 연구해 그 모습을 묘사한 글인데, 그의 실력이 얼마나 뛰어났는지 짐작할 수 있다.

　하늘을 나는 파충류의 종류는 아마도 두 가지라고 생각된다. 그들의 날개 역할을 했던 막은 단 하나의 손가락으로 지탱되었으며, 무엇인가에 매달릴 때는 다른 세 개의 손가락을 사용했다. 설 때에는 뒷다리만을 사용했다. 얼굴에는 커다랗게 찢어진 입이 있었는데 날카로운 이빨이 있어서 곤충이나 작은 동물을 물기에 알맞았다.

퀴비에의 손에서 되살아난 고생물

공룡 백과를 보면 수많은 종류의 공룡들을 볼 수 있다. 이는 고생물학과 비교 해부학의 합작품이라고 할 수 있다. 현대에는 이보다 더 과학적인 방법으로 동물들의 모습을 자세히 복원해 낸다.

퀴비에는 1832년에 중풍에 걸려 세상을 떠났다. 하지만 그의 손을 거쳐 되살아난 고생물과 고생물에 대한 연구 결과는 지금까지 고스란히 전해져 '고생물학' 이란 학문의 바탕이 되었다.

고생물학
화석의 연구를 통해 지질 시대에 살았던 생물들에 대해 연구하는 학문.

최초의 공룡 화석 발견

공룡 화석을 최초로 발견한 사람은 누구일까? 일반적으로는 영국의 의사 맨텔이 공룡 화석을 최초로 발견한 사람으로 알려져 있다. 하지만 퀴비에가 공룡 화석을 최초로 발견한 사람일 가능성도 없지는 않다.

퀴비에가 화석 전문가로 떠오르자 그에게 거대한 동물의 턱뼈 화석을 분석해 달라는 의뢰가 들어왔다.

이 화석을 분석한 퀴비에는 이 동물이 일종의 바다 도마뱀으로, 현재는 존재하지 않는 멸종 동물이라고 발표했다. 공룡이라는 이름이 '무시무시한 도마뱀'이라는 뜻에서 유래한 것으로 보아 퀴비에가 분석한 화석이 공룡과 유사한 동물이었을 가능성도 배제할 수 없다.

그럼 맨텔은 어떻게 공룡 화석을 발견하게 되었을까? 사실 정확히 말하면 공룡 화석은 맨텔이 아니라 그의 부인이 발견했다고 할 수 있다. 공룡 화석은 우연히 발견되었다. 1822년, 화석 수집가였던 영국의 의사 맨텔은 화석 수집에 온갖 정성을 쏟았다. 그의 부인 역시 남편을 도와 수집한 화석을 세밀하게 그리는 일을 했다.

어느 날 그의 부인이 홀로 산책길에 나섰다가 이상하게 생긴 이빨 화석을 발견했다. 뭔가 색다르다고 생각한 부인은 이 거대한 화석을 가지고 급히 집으로 돌아와 맨텔에게 보여 주었다.

맨텔은 생전 처음 보는 이 화석을 보고 흥분하기 시작했다. 그는 아내가 발견한 이 이빨이 남아메리카에 사는 이구아나와 비슷하게 생겼다고 해서 '이구아노돈'이라는 이름을 붙여 주었다. 오늘날 우리가 잘 알고 있는 초식성 공룡 '이구아노돈'은 이렇게 해서 세상에 알려졌다.

지질학의 발달 03

중학교1 과학
1. 지구의 구조 / 지구 내부의 구조
고등학교 지구과학 II
1. 지구의 물질과 지각 변동 / 지각과 지구 내부

지각

지구의 바깥쪽을 차지하는 부분. 지각은 크게 해양 지각과 대륙 지각으로 나눌 수 있는데, 대륙 지각이 해양 지각보다 더 두껍다.

지구를 해부한 사람들

선생님이 학생들에게 다음과 같은 질문을 했다.

"다음 중 그 대상을 관찰하기가 가장 어려운 것은 어느 것일까요? 1번-땅속, 2번-바닷속, 3번-우주."

이에 만수가 힘차게 손을 들고 자신 있게 대답했다.

"우주요! 최고로 크잖아요."

과연 어느 것이 정답일까? 우주는 위성을 통해 관찰할 수 있고, 바닷속은 잠수함을 타고 들어가 관찰할 수 있다. 이로 인해 우주와 바다의 비밀은 많이 밝혀졌다.

그런데 땅속은 어떻게 관찰할 수 있을까? 단단한 암석으로 이루어진 지각을 지하 수백 킬로미터, 아니 단 수십 킬로미터라도 뚫을 수 있는 장비가 있을까? 현재까지 그런 장비는 없다.

그럼 교과서에 나오는 지구 내부에 관한 많은 정보들은 모두 어떻게 알아냈을까? 이는 지진파를 이용해 추측한 것일 뿐이다. 이렇게 땅속의 비밀을 알아내는 것은 우주나 바닷속의 비밀을 밝히는 것보다 어려워 자연히 다른 분야보다 그 발전 속도가 더딜 수밖에 없었다.

그런데도 땅속을 해부하여 비밀을 알아내고자 하는 과학자들의 호기심은 과거부터 있어 왔다. 그때에는 지금처럼 현대적인 장비도 없었는데 말이다. 그들은 어떻게 땅속에 숨겨진 비밀을 알아낼 수 있었을까?

땅속 비밀은 광산에서 캐기 시작했다 – 아그리콜라

땅속을 연구하려면 일단 땅속이 어떻게 생겼는지 알아야 한다.

땅은 '지각'이라는 두꺼운 암석 층으로 이루어져 있어 이 두꺼운 암석을 파고 들어가야 땅속을 관찰할 수 있다. 산을 깎아 광물을 캐내는 광산에서 지질 연구가 시작된 것도 이러한 이유 때문이다.

16세기 초 독일 의사였던 아그리콜라는 광산 마을에서 환자를 치료

하다가 광물이 병을 일으키기도 한다는 사실을 알게 되었다. 이를 계기로 광물에 관심을 갖게 된 그는 광물의 종류가 셀 수 없이 많다는 것을 알고, 광물을 체계적으로 분류하기로 결심했다.

광물에 대한 연구를 계속하던 아그리콜라는 자연히 광산 지층에도 관심을 가지게 되었다. 그리고 지금 우리가 보는 땅의 모습이 그냥 창조된 것이 아니라 바람이나 물에 의해 운반되고 침식되면서 만들어졌다고 생각했다. 이 같은 생각은 지질에 대한 최초의 과학적인 사고였기 때문에 그를 '지질학의 선조'라고 부른다.

상어 이빨 때문에 땅속을 연구하게 된 스테노

1666년, 해부학자였던 덴마크의 니콜라우스 스테노에게 1톤이 넘는 백상어를 해부하는 임무가 맡겨졌다. 떨리는 손으로 이 상어를 해부하던 그는 놀라운 사실을 발견했다. 상어의 이빨이 어디서 많이 보던 것이라서 주의 깊게 관찰했더니, 바로 신비의 돌이라고 알려진 '설석'과 같은 것이 아닌가!

설석

칼슘, 티탄, 규소, 산소 등으로 이루어진 광물로, 티타나이트라고도 한다. 회색 또는 갈색, 붉은색, 검은색 따위를 띠며 금강석과 같은 윤이 난다. 화성암, 변성암 속에 널리 분포한다.

설석은 당시 육지에서 가끔 발견되었는데, 신비의 약효가 있다고 알려져 약으로 사용되던 돌이었다. 그런데 이 돌이 사실은 백상어의 이빨이었다. 이는 땅이 과거에는 백상어가 살던 바다였을 수도 있다는 사실을 암시하는 것이었다.

이때부터 지질에 대한 연구를 해야겠다고 생각한 스테노는 우연치 않게 지질 탐사의 기회를 잡게 되었다. 그리고 대부분의 시간을 동물 해부가 아닌 이 '지구 해부'에 투자했다. 그는 끈질기게 지구 내부를 연구한 끝에 다음과 같은 사실을 알아냈다.

첫째, 지각은 지층으로 이루어져 있는데, 이러한 지층은 아래에 쌓인 것일수록 더 오래된 것이다. 이를 '지층 누중의 법칙'이라고 한다.

둘째, 지층은 수평으로 쌓이는데, 이는 퇴적물이 물에서 가라앉기 때문에 물의 흐름에 의해 수평을 유지하는 것이다. 또한 경사진 지층은 어떤 격변적인 사건 때문에 생긴 것이다. 이를 '고유 수평성의 원리'라고 한다.

셋째, 지층은 측면으로 계속 확장된다. 이를 '측면 연속성의 원리'라고 한다.

스테노가 발견한 사실들은 정말 놀라운 것이었다. 이는 오늘날 지구과학 교과서에도 그대로 실려 있을 정도로 과학적인 내용이었다.

스테노는 지질 연구를 과학적으로 접근했던 최초의 인물이다. 그래서 그를 '지질학의 선구자'라고 부른다. 또한 지금도 네덜란드 지질학회에서는 지질학 분야에 뛰어난 업적을 남긴 사람에게 스테노 메달을 수여해 그의 공로를 기리고 있다.

맨틀

지구 내부의 핵과 지각 사이에 있는 부분이다. 지구 전체 부피의 82%, 전 질량의 68%를 차지하는 가장 큰 부분으로, 철과 마그네슘이 풍부한 암석으로 이루어져 있다.

두드려라, 그러면 알 것이니 - 모호로비치치

'지질학의 선조' 아그리콜라와 '지질학의 선구자' 스테노 이후에도 여러 학자들이 땅속에 대한 연구를 진행한다. 지질학계의 거목으로 불리는 영국의 제임스 허턴, 최초의 지질도를 만든 윌리엄 스미스, 근대 지질학의 아버지인 찰스 라이엘 등이 대표적인 학자이다.

그런데 이때까지만 해도 지구의 내부가 무엇으로 이루어져 있는지는 알지 못했다. 단단한 암석을 계속 파고 들어갈 수 있는 방법이 없었기 때문이다.

그렇다면 우리가 현재 알고 있는, 지구의 내부에 핵과 맨틀이 있다는 사실은 어떻게 알게 되었을까?

막 20세기에 접어든 1909년, 유고슬라비아의 지진학자였던 모호로비치치는 유럽에서 가장 발전된 지진 관측소였던 자그레브 관측소에서 일하고 있었다. 그는 쿨파 계곡에서 발생한 지진의 기록 자료를 보다가 일부 지진파의 속도가 다른 것과 다르다는 사실을 발견했다. 그는 지구 내부에 지각과 다른 어떤 물질이 존재하기 때문에 지진파의 속도가 다른 것이라고 생각했다.

그로부터 20여 년이 흐른 1929년의 어느 날, 발칸 반도에서 발생한 지진파를 분석하던 모호로비치치는 지하 약 50km 부근에서 지진파가 갑자기 더 빨라진다는 사실을 발견했다. 그는 이를 보고 지각 아래에

모호로비치치 불연속면

지각과 맨틀 사이의 경계면을 말하는 것으로, 대륙 지각에서는 약 35km 깊이에, 해양 지각에서는 약 7km 깊이에 위치한다.

외핵과 내핵

외핵은, 지구 내부 구조에서 맨틀과 내핵 사이에 액체로 되어 있다고 생각되는 부분이다. 지표로부터 깊이 2,900km에서 5,100km 사이에 위치하며, 주성분인 철을 비롯해 니켈·규소·황 따위로 이루어져 있다. 내핵은 지하 약 5,100km의 깊이에서 지구 중심부까지 이르는 부분이다. 구성 성분은 외핵과 같지만 고체로 여겨진다.

성분이 다른 물질로 이루어진 면이 있을 것이라고 추측했다.

모호로비치치는 연구를 계속해, 지각 아래에 지각보다 더 단단한 층과 맨틀이 있다는 사실과 지각과 맨틀이 경계를 이루는 면에서 지진파가 급격하게 꺾인다는 사실을 알게 되었다. 이렇게 해서 맨틀의 존재가 발견되었다. 우리는 이 같은 모호로비치치의 업적을 기려 이 꺾이는 면을 '모호로비치치 불연속면'이라고 부른다. 이후 지질학자들은 모호로비치치의 아이디어를 바탕으로 더 깊은 곳에 핵(외핵과 내핵)이 있다는 사실까지도 밝혀냈다.

'지층 누중의 법칙'의 적용

'지층 누중의 법칙'은 아래에 있는 지층이 먼저 쌓인 것이고, 위에 있는 지층이 나중에 쌓인 것이라는 아주 단순한 법칙이다. 그러나 이러한 법칙이 모든 지층에 그대로 적용되면 좋겠지만, 어떤 지층의 경우 상하를 판단하는 것이 무척 힘들 때도 있다.

예를 들어, 어떤 지층이 '지층 누중의 법칙'과 '고유 수평성의 원리'대로 수평을 이루며 아래에서 위로 차례대로 쌓이고, 또 '측면 연속성의 원리'대로 옆으로 길게 뻗어 있다고 하자.

그러나 지층이 한없이 옆으로 길게 이어질 수는 없는 노릇이며, 따라서 어느 순간에는 지층이 끊어지고 다른 종류의 퇴적물이 쌓인 지층이 만들어지기도 할 것이다. 또 지층 중 어떤 부분은 외부 환경의 변화 때문에 갑자기 수직으로 되어 버리거나 반대로 역전되어 버리기도 한다. 이럴 경우 지층의 상하 판단을 하는 것이 매우 어려워진다.

이럴 때 어떻게 상하 판단을 할 수 있을까? 이때에는 지층이 변화되지 않은 곳에서 상하의 순서를 기억해 놓으면 무난히 변화된 지층의 상하 판단을 할 수 있다. 물론 그래도 상하 판단이 쉽지 않을 경우 사층리(지층의 층리가 주된 층리면과 비스듬하게 만나는 상태), 물결 자국, 동물의 화석 등으로 판단할 수 있다.

지구 내부에 바다가 있다?

우리는 지구 내부의 구조가 지각-맨틀-외핵-내핵으로 이루어져 있다고 배운다. 그러나 이것 또한 직접 땅을 파 보고 알아낸 것이 아니라 지진파로 알아낸 대강의 해부도일 뿐이다.

아직까지 지구 내부 해부도에 대해 더 자세히 알려진 것은 없는 상황이다. 어떤 이들은 위의 구조 자체가 잘못되었다고 주장하기도 한다.

그런데 지구 내부에 거대한 '바다'가 있다는 사실이 밝혀져 화제가 되었다. 이는 미국의 과학 전문 뉴스 사이트인 '라이브사이언스'의 보도로 세상에 알려졌다.

이를 발견한 사람들은 미국 워싱턴 주립대학의 지진학자인 마이클 위세션이 이끄는 연구 팀이다. 그는 지진파의 분석을 통해 아시아와 북아메리카 대륙의 지하 깊은 곳에 물을 잔뜩 머금은 암석 층이 존재한다는 사실을 발견했다고 한다. 이 물을 잔뜩 머금은 암석 층을 '바다'라고 표현한 것이다.

그런데 이 암석의 바다 층이 어느 정도의 깊이에 존재한다는 말일까? 마이클 위세션 박사는 이 층은 지표 아래 약 1,000km 깊이에 존재하는 맨틀에 있는 것으로 추측된다고 말했다.

우리가 알고 있듯이 맨틀은 지하 30~2,900km의 깊이에 존재하는 지각과는 다른 암석 층을 말한다. 그런데 여기에 상당한 양의 물이 있다고 하니, 이것이 사실인지에 대해서는 좀 더 깊은 연구가 필요하다.

최초의 지질도 04

관련 내용
지구과학사
세계 최초의 지질도 완성

지질도

어떤 지역에서 관찰된 여러 가지 지질 현상들을 약속된 표기법에 의하여 지형도 위에 표시한 지도.

세계 최초의 지질도를 만들다 – 윌리엄 스미스

어느 날, 수박 한 통을 사 와서 군침을 흘리며 반으로 갈랐다. 그런데 이게 웬일인가. 잘 익었을 것이라고 생각했던 수박이 새하얀 모습을 드러내는 것이 아닌가. 순간 실망이 몰려오면서 '속았다'는 느낌이 들었다.

누구나 한 번쯤은 이런 경험을 한 적이 있을 것이다. 수박의 겉모습만 보고도 속을 예측할 수 있는 방법은 없을까? 물론 있다. 두드려 보아

윌리엄 스미스의 최초의 지질도

맑은 소리가 나고, 줄무늬가 선명한 수박이나 물에 띄웠을 때 잘 뜨는 것이 잘 익은 수박이라고 한다.

그런데 현대적 관측 장비도 없던 시대에 수박이 아니라 지구 땅속의 구조를 예측했던 과학자가 있다. 영국의 지질학자 윌리엄 스미스이다. 그가 흙과 단단한 암석으로 둘러싸여 있는 땅속의 구조를 예측한 방법은 무엇일까?

스미스는 불우한 가정 환경 때문에 정상적인 교육을 받지 못했다. 원래 땅과 암석 층, 화석 등에 대한 관심과 호기심이 많았던 스미스는 광산이나 운하 건설 현장에서 어깨너머로 배운 측량 기술로 지층을 연구하기 시작했다. 이 같은 현장 경험은 그가 정상적인 교육을 받지 않고도 지질학 박사 수준의 지식을 갖추는 토대가 되었다.

이러한 경험과 지식을 총동원해 스미스는 세계 최초로 지질도를 완성했다.

지형

지형은 지구 표면의 특징적인 형태를 말하는데 지표의 높고 낮은 정도, 즉 산·골짜기·평야·하천·해안·해저 등의 각종 지표 형태를 말한다.

독학으로 알아낸 땅속의 비밀

1769년 영국 옥스퍼드셔에서 태어난 윌리엄 스미스는 여덟 살 때 아버지를 여의고 불우한 어린 시절을 보냈다. 어려운 가정 형편 때문에 초등 교육 정도밖에 받지 못한 그는 특히 지질학에 관심이 많았는데, 거의 독학으로 지질학과 관련된 지식을 쌓았다.

그러던 어느 날, 스미스는 우연히 지질 탐사에 대한 일을 하게 되었는데, 이는 그에게 찾아온 첫 번째 기회였다. 그는 지질 탐사 일을 계속하면서 암석과 화석에 대한 정보를 하나도 빠트리지 않고 꼼꼼하게 기록했다. 이러한 노력으로 지질에 대한 그의 지식은 날로 깊어갔고, 지층에 관해서는 모르는 것이 없다고 하여 '지층 스미스' 라는 별명도 얻었다.

실력을 인정받은 스미스는 1793년 광물을 운반하기 위한 운하 건설 사업에 합류하면서 절호의 기회를 잡았다. 운하 건설 사업은 땅을 파는 작업이라서 땅속을 연구하는 데는 최고의 기회였기 때문이다.

운하 건설 사업에 합류한 그는 드디어 땅속의 암석들이 층을 이루고 있으며, 이 층들은 일정한 순서대로 쌓여 있다는 것을 발견했다. 그리고 이러한 층은 한 지역에만 나타나는 현상이 아니라 다른 지역에서도

동일하게 나타난다는 것도 발견했다. 또한 각각의 층에 포함된 화석은 층을 구분하는 중요한 단서가 된다는 사실도 알아냈다.

그의 발견은 지구과학사에서 아주 중요한 의미를 갖고 있는데, 어떤 지역의 지형에 드러난 정보만 가지고 땅속에 어떤 암석들이 분포하고 있는지 예측할 수 있게 되었기 때문이다. 마치 수박의 겉모습만 보고도 속을 예측할 수 있는 것처럼 말이다. 사람들은 이런 기이한 능력을 가진 스미스를 놀라운 눈으로 바라보았다.

대동여지도

조선 철종 12년(1861)에 김정호가 만든 우리나라의 대축척 지도. 조선시대 지도 가운데 가장 정밀한 지도로, 축척이 약 16만분의 1이다.

세계 최초의 지질도에 대한 집념

스미스의 위대함은 세계에서 최초로 과학적인 지질도를 만들었다는 데 있다. 물론 우리나라의 김정호도 대동여지도를 만들었고, 고대 이집트에서 전해 내려오는 지질도도 있지만, 이들은 스미스의 지질도처럼 지층까지 모두 표현한 과학적인 지질도는 아니었다.

그런데 스미스는 이 지질도를 만들기 위해 자료 수집에 14년, 지도 제작에 3년 등 도합 17년의 세월을 보냈으며, 또한 빚더미에 올라앉을 정도로 엄청난 제작비를 쏟아 부었다.

이런 고난의 시간과 함께 만들어진 세계 최초의 지질도는 과연 어떤 것이었을까?

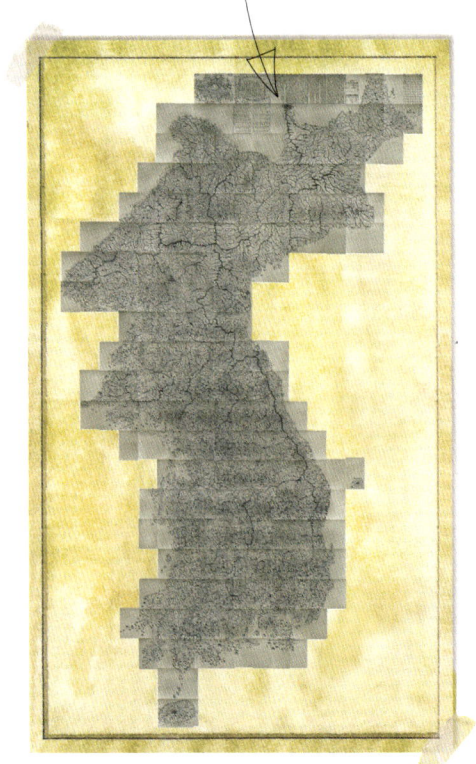

1815년에 출판된 이 지질도는 가로, 세로의 길이가 2미터가 넘는 크기이며, 다양한 색깔로 영국 전역의 암석과 지층의 종류를 표시하여 지질 구조를 나타낸 그야말로 걸작이었다. 나중에 이 지질도는 영국의 국토 개발에 가장 핵심적인 자료로 사용되었다.

또한 이 지질도는 전 세계에 영향을 주어 각국의 지질 연구와 지질도

제작에 촉매 역할을 했다. 사실 오늘날 사용하는 지질도 역시 스미스가 만든 방식과 크게 다르지 않을 정도로, 그의 지질도는 대단한 것이었다.

그런데 이 지질도가 처음 모습을 드러냈을 때 세상의 반응은 냉담했다. 그 이유는 유명한 엘리트 단체인 영국 지질학회의 질투 때문이었다. 명문 학교 출신의 학자들로 구성된 지질학회는 출신 학교조차 명확하지 않은 이 기술자를 인정하고 싶지가 않았다. 아니, 그보다는 이 무명의 기술자가 자기들보다 더 뛰어난 일을 해냈다는 사실을 인정하고 싶지가 않았던 것이다.

그래서 이들은 스미스의 지질도를 인정하지 않는다는 사실을 공표했고, 이 때문에 스미스의 지질도는 거의 팔리지 않았다. 지질도가 좀 팔리면 재정적인 어려움이 해결되리라고 기대했던 스미스에게는 또다시 큰 시련이 닥쳤다.

지옥에서 천국의 영광으로

평생을 노력해 완성한 작품을 인정받지 못한 스미스의 좌절감은 실로 엄청났다. 하지만 스미스의 고난은 이제 시작일 뿐이었다.

영국의 지질학회는 스미스의 걸작을 시기한 나머지 음모를 꾸몄다. 스미스의 지질도는 엉터리이며, 자기들이 곧 제대로 된 지질도를 낼 것이라고 공표한 것이다. 여러분이라면 누구의 말을 믿겠는가? 당연히 권위 있는 지질학회의 말을 들을 것이다.

결국 4년 후인 1819년, 지질학회가 펴낸 지질도가 출판되었다. 그러나 이건 누가 봐도 스미스의 것을 베꼈다는 사실을 알 수 있을 정도로 스미스의 지질도와 똑같았다.

지질학회는 세상의 비난을 견디다 못해 스미스에게 사과의 메시지를 보냈지만, 스미스는 이미 엄청난 재정적인 어려움에 빠진 상태였다. 빚을 갚지 못한 스미스는 옥살이를 해야 했고, 그의 아내는 정신 병원에

입원해야 할 정도였다.

 출옥 후 스미스는 엄청난 배신감을 뒤로하고 런던을 떠나 정처 없이 지방을 떠도는 생활을 했다. 지질도에 일생을 바친 결과는 너무도 처참했다.

 그런데 어느 날 스미스에게 천국의 메시지가 들려왔다. 그에게 천국의 메시지를 들고 온 것은 묘하게도 그를 지옥으로 몰아넣었던 바로 그 지질학회였다. 지질학회는 이미 세대 교체를 하여 구성원이 모두 바뀐 상태였고, 이들은 스미스의 공적이야말로 지질학 역사 상 최고라고 인정해 준 것이다.

 스미스는 지질학회에서 최고 영예의 지질학 상을 받았고, 이에 따라 국가에서도 평생 연금을 지급받았다.

 이렇게 굴곡 많은 인생을 산 스미스는 "아름다운 장미는 가시 위에서 피고, 슬픔 뒤에는 반드시 기쁨이 있다"는 말을 남겨 지금도 역경에 처한 사람들에게 큰 위안을 주고 있다.

윌리엄 스미스 메달

현재 영국의 지질학회는 스미스의 업적을 기념하여 지질학 발전에 이바지한 사람에게 윌리엄 스미스 메달을 수여하고 있다.

기술자 스미스와 엘리트 그리노

초등 교육밖에 받지 못한 현장 기술자 스미스와 명문 출신의 엘리트 그리노는 어쩌면 서로 어울리기 힘든 세계에 살던 사람들이었을지도 모른다. 그런데 그리노는 어떤 사람인가?

그리노는 런던 지질학계에서 활발하게 활동하던 이름난 학자였다. 그는 당시 지질학계의 엘리트들만 모아서 지질학회를 창립했다. 지질학에 관련된 사실들은 이 지질학회의 인정을 받아야 비로소 모든 학계가 인정할 정도로 권위 있는 단체가 되었다.

비록 현장 기술자에 불과한 스미스였지만, 그도 엄연히 지질학을 연구하는 사람으로서 이 지질학회에 소속되고 싶었다. 그리고 자신이 발견한 놀라운 자료들도 이들에게 자랑하고 싶었다.

어느 날, 스미스는 지질학회에 자신의 방대한 자료를 소개했다. 지질학회의 회장인 그리노는 너무나 놀라고 감탄했지만, 동시에 이 미천한 기술자에 대한 질투심과 적개심 또한 불타올랐다.

결국 그리노는 스미스가 지질학회의 회원이 되지 못하게 했을 뿐만 아니라, 최초의 지질도가 나왔을 때도 스미스를 모함하여 그를 구렁텅이로 빠지게 했다.

오늘날 스미스를 기억하는 사람들은 많지만 그리노를 기억하는 사람들은 거의 없다. 살아 있을 당시에는 그리노가 더 유명했을지 모르나, 결국은 진실이 승리하듯 스미스가 그리노를 이겼다.

대륙 이동설 05

중학교 2 과학
6. 지구의 역사와 지각 변동 / 지각 변동
고등학교 지구과학 II
1. 지구의 물질과 지각 변동 / 지각 변동

기상학

대기의 상태와 대기 중에 일어나는 여러 가지 현상을 연구하는 학문이다.

혹시 땅이 움직이는 게 아닐까

베게너는 일찍이 지구의 대륙은 하나였는데, 이 대륙들이 분리되고 이동하여 지금의 모양이 되었다고 확신했다. 하지만 당시에 그의 이론은 너무나 앞선 것이어서 사람들은 베게너의 말을 이해하지도 믿어 주지도 않았다.

그래서 그는 살아생전에는 단 한 번도 자신의 생각을 인정받지 못하고 쓸쓸히 얼음에 묻혀 죽어 갔다.

1880년 11월 1일, 독일의 베를린에서 태어난 베게너는 천문학과 기상학을 공부했으며, 대륙 이동설을 생각해 낼 당시까지 마르부르크 물리 연구소에서 강의를 했다. 그는 어떻게 전공과는 전혀 다른 분야에 관심을 갖고, 대륙 이동설을 생각해 낼 수 있었을까?

그가 대륙 이동설에 집착하게 된 계기는 우연히 읽은 고생물학 논문 때문이었다. 그 논문에는 아프리카의 동부 해안과 남아메리카의 서부

해안이 맞아떨어지며, 이것은 과거에 이 두 대륙을 연결하던 다리와 같은 땅이 있었기 때문일 것이라는 내용이 실려 있었다. 이 이론은 베게너의 마음을 단숨에 사로잡았고, 이후 베게너는 평생을 이 비밀을 밝히는 데 투자했다.

그런데 베게너는 논문의 내용 중 두 대륙을 연결하는 땅이 있었을 것이라는 생각에는 동의할 수 없었다. 그는 해양 지각보다 가벼운 대륙 지각이 바다 밑으로 가라앉을 수는 없다고 생각했다. 대신 원래 하나였던 대륙이 이동해 현재의 모습이 되었다는 가설을 세웠다.

베게너는 자신의 가설을 뒷받침할 수 있는 증거를 찾기 위해 모든 노력을 기울였다. 그가 가장 먼저 제시한 증거는 생물들의 화석이었다. 그는 두 대륙에서 같은 종의 동물이 살았다는 사실을 근거로 두 대륙은 원래 하나였다고 주장했다. 하지만 이것만으로 사람들을 설득하기에는 부족했다.

결국 베게너는 유럽과 아프리카, 아메리카 대륙을 오가며 그의 전공과는 상관없는 지질을 연구하기 시작했다. 이 연구에서 그는 놀랄 만한 성과를 거두게 된다. 즉 두 대륙 사이에서 서로 연결되는 지층을 발견한 것이다.

베게너는 북아메리카의 애팔래치아 산맥과 북유럽 스코틀랜드의 칼레도니아 산맥이 서로 연결되어 있으며, 남아프리카 카루 지역의 지층이 브라질의 산타카타리나의 지층과 비슷하다는 사실을 두 번째 증거로 들었다. 이는 두 대륙이 과거에는 하나였다는 사실을 증명해 주는 것임에 틀림없었다.

불충분한 증거로 외면받은 대륙 이동설

베게너는 대륙이 이동했다는 확신을 가지고 1912년 첫 논문을 발표했으나 지질학계의 반응은 냉담하기 그지없었다.

당시만 해도 땅은 움직이는 게 아니라, 냉각과 수축 작용을 하면서 암석 층이 만들어지고 퇴적과 침식 작용으로 변할 뿐이라는 게 인정받는 이론이었다. 그렇기 때문에, 대륙이 이동한다는 주장은 마치 공상 과학 영화의 이야기처럼 들렸던 것이다.

또한 그들은 베게너가 제시한 두 대륙에서 같은 생물이 발견된다는 생물학적 증거에 대해서도, 과거에 두 대륙 사이에 육교같이 연결된 땅이 있었기 때문이라고 반박하며 베게너의 주장을 무시했다.

그러나 베게너는 이에 실망하지 않았다. 그는 더 많은 증거를 찾기

기조력

달과 태양의 인력과 지구의 원심력이 상호 작용한 결과로 나타나는 현상으로, 조석이나 조류 운동을 일으킨다.

위해 노력했으며, 세계 대전이 한창이던 1915년에는 그의 생각을 담은 책 《대륙과 해양의 기원》을 출판했다.

그는 이 책에서 대륙이 이동하여 현재의 모습이 되었다는 사실까지는 정확히 예측했지만, 대륙이 이동할 수 있었던 원동력에 대해서는 제대로 설명하지 못했다.

그는 대륙이 움직였던 이유에 대해 지구의 자전과 기조력 등을 예로 들었는데, 과학자들은 그것은 합당한 이유가 될 수 없다고 하며 그에게 등을 돌렸다.

사실 여기에 베게너의 실수가 있었다. 지구의 자전이나 기조력 등이 대륙을 움직이는 힘이 될 수 없다는 것은 너무나 당연한 일이었는데도, 이런 주장을 하니 당시 과학자들이 인정할 수 없었던 것이다. 차라리

그린란드
북대서양과 북극해 사이에 위치한 세계에서 가장 큰 섬으로, 섬 전체의 85%가 빙하로 덮여 있다. 최근 지구 온난화로 빙하가 계속 녹아 섬이 분리될 위기에 처해 있다고 한다.

이 부분은 아직 밝히지 못했다고 했다면 더 나은 결과가 나왔을지도 모르는 일이다.

베게너가 처음 대륙 이동설을 주장했을 당시 학계의 반응은 냉담했다. 사회적으로는 여러 사람들의 입에 오르내릴 정도로 관심을 끌었으나, 대륙 이동설을 과학적 사실로 받아들이는 사람은 드물었다. 그나마도 1930년대에 들어서자 사람들의 관심에서 더욱 멀어져 갔다.

이제 베게너는 자신의 생각을 인정받기 위해 또 다른 증거를 내놓아야만 했다. 그는 또다시 그린란드 등을 돌아다니며 증거를 수집하기 시작했다.

베게너의 실종

한때 사람들의 입에 오르내리던 베게너의 대륙 이동설은 이제 거의 잊혀져 가는 듯했다. 지질학계에서조차 더 이상 관심을 갖지 않을 정도였다. 그러나 베게너만은 그렇지 않았다. 그는 대륙이 이동한 것이 분명하며 지구 어디엔가 그 증거가 있을 것이라고 믿었다.

베게너는 주로 그린란드를 탐험하며 그곳에서 대륙 이동설의 증거가 될 만한 것을 찾았다.

1929년, 베게너는 제4차 그린란드 원정대의 대장으로 뽑혔다. 지구 곳곳을 돌아다니며 탐험 활동을 했던 베게너의 주요 임무는 그린란드에 날씨와 대기를 조사할 수 있는 기상 관측소를 설치하는 것이었다. 그런데 이 원정은 다른 때와는 달리 얼음 폭풍이 부는 등 기후 조건이 좋지 않아 매우 어려운 나날이 계속되었다.

1930년 11월 1일은 베게너에게 운명의 날이었다. 그날은 그의 생일이었는데, 차가운 그린란드에서 생일을 맞았으나 이날도 변함없이 탐험에 나섰다. 그러나 이것이 마지막이었다. 그는 다시는 돌아오지 못했다.

원정 대원들은 베게너를 찾아 나섰으나 결코 그를 찾을 수 없었다.

결국 그의 시신은 이듬해 봄에 발견되었으며, 원정 대원들은 그곳에 얼음 무덤을 만들어 장사를 지내 주었다고 한다.

베게너는 자신이 확신하고 있던 대륙 이동설을 증명하기 위해 평생을 바쳤다. 살아서는 단 한순간도 자신의 생각을 인정받지 못했던 그였지만 지금은 '대륙 이동설' 하면 그의 이름이 떠오를 정도로 유명해졌으니, 그의 삶이 결코 불우했다고 말할 수는 없을 것이다.

베게너를 앞지른 사람들

　과학의 다른 분야에 비해 지질학은 그 발전 속도가 느려서, 1900년대 초까지도 현재의 땅이 어떻게 생겨났는지에 대해서는 몇 가지 가설만 난무할 뿐이었다. 이런 상황에서 등장한 베게너의 대륙 이동설은 획기적인 주장이긴 했지만 확실한 증거가 없어 인정받지 못했다.

　결국 베게너의 주장은 그가 죽은 지 30여 년이 흐른 후에야 증명되었고, '판 구조론'의 등장으로 과학적인 사실로 인정받게 된다. 덕분에 오늘날 우리는 지금의 땅이 어떻게 생겼는지 잘 알게 되었다.

　그런데 지구의 땅덩어리가 원래 하나였다고 생각한 사람은 베게너가 처음이었을까? 그렇지는 않다.

　1596년, 벨기에의 지도 제작자였던 아브라함 오르텔리우스도 베게너와 비슷한 생각을 했다. 그는 지도를 제작하던 중 아프리카와 남아메리카의 해안선이 잘 들어맞는다는 사실을 발견하고는, 옛날에는 이 두 대륙이 하나였을 것이라고 생각했다. 또한 그는 이 두 대륙이 떨어지게 된 이유에 대해서도 말했는데, 그 이유가 '지진과 홍수' 때문이라고 설명했다.

1596년이면 베게너보다 300년이나 빨리 이런 생각을 했다는 이야기다. 이후에도 몇몇 사람들이 이런 내용을 이야기하긴 했다.
　그럼에도 베게너가 위대한 이유는, 자신의 생각에 대한 확신을 가지고 이러한 대륙 이동에 대한 증거를 찾기 위해 세계 곳곳을 탐험하며 평생을 헌신했다는 데 있을 것이다.

해저 확장설 06

고등학교 지구과학 I
2. 살아 있는 지구 / 해양의 변화

챌린저호 탐사

챌린저호 탐사는 비글호 탐사를 통해 진화론에 대한 영감을 얻었던 다윈의 성공에 자극을 받아 영국 왕실과 해군의 지원으로 구성된 과학 탐사를 위한 첫 항해이다. 세계 대양의 362곳에서 염분과 수온, 해수의 밀도를 측정하여 물리 해양학의 진보에 크게 기여했다.

해저의 비밀을 풀다 - 해리 헤스

수많은 지질학자들의 노력으로 땅속의 비밀은 어느 정도 밝혀졌다. 그렇다면 과연 바닷속은 어떤 모습을 하고 있을까? 여기서 말하는 '바닷속'이란 그냥 바닷속을 말하는 게 아니라, 해저의 밑바닥과 그 아래에 있는 지각의 내부를 말한다.

그런데 바다는 그 깊이만 해도 수 킬로미터에 달하고 깊은 바다로 내려갈수록 엄청난 수압이 작용하기 때문에, 단순히 땅속을 연구하는 것보다 몇 배는 더 힘들다.

그럼에도 인간의 탐구심은 끝이 없다. 1872년 12월, 영국 정부는 해저의 비밀을 캐기 위해 챌린저호를 출항시킨다. 챌린저호는 전 세계 바다를 돌며 수많은 바다의 비밀을 얻은 후 1876년 5월 귀항했다.

이제 바다 깊은 곳의 비밀이 하나둘씩 벗겨지기 시작했다. 바다에서 가장 깊은 곳은 약 8km였으며, 신기하게도 육지처럼 산맥도 발견할 수 있었다. 이러한 해저 산맥을 '대양저 산맥'이라고 부른다.

그런데 왜 깊은 바다 밑에 이런 대양저 산맥이 생겼을까? 이것은 정

말 신비한 현상으로 꼭 풀어야 할 숙제였다.

20세기 초, 드디어 대양저 산맥에 대한 비밀을 푼 사람이 나타났다. 바로 해리 헤스이다. 그는 대양저 산맥의 활동 때문에 해저가 확장되고 있다는 사실을 발표함으로써 세상을 깜짝 놀라게 했다.

해저가 확장된다면 지구가 넓어지고 있다는 것일까? 헤스가 말하는 '해저 확장'이란 무엇이며, 무엇을 근거로 해저가 확장되고 있다고 주장했을까?

지질학자와 심해의 만남

미국에서 태어난 헤스는 지질학자였다. 그는 주로 광물과 암석 쪽에 관심이 많았는데, 이론적인 연구보다는 실제로 현장에서 경험을 쌓는 것을 더 좋아했다.

당시 지질학자들은 지하 깊은 곳에 있는 암석을 분석할 때, 그 지역의 중력을 측정하는 방법을 사용했다. 대체로 밀도가 높을 경우 중력이 크게 나타나므로, 중력을 알아내면 그 지역 암석 층에 대한 정보를 어느 정도 알 수 있기 때문이다.

이러한 지질학자들의 지각 연구에는 당연히 해양 지각도 포함되었다. 이에 젊은 지질학자 헤스는 해양 지각의 중력 측정을 위한 연구에 합류하여, 잠수함을 타고 바다 깊숙이 들어가는 기막힌 경험을 하게 된다.

헤스가 처음 만난 해저의 세계는 너무도 신비롭고 아름다웠다. 특히 바다 깊은 곳에서 측정한 해양 지각의 중력은 예상한 값보다 훨씬 작게 나와 그의 호기심을 불러일으켰다.

해양 지각의 중력이 예상과 다르게 나왔다는 것은, 곧 해양 지각이 대륙의 지각과는 다른 성질을 갖고 있다는 것을 뜻한다. 이때가 1931년이었는데, 이후 헤스의 관심은 온통 해양 지각의 비밀 캐기에 집중되었고, 거의 30여 년이 지난 1960년 드디어 불후의 명작인 '해저 확장

▶ 대륙 지각과 해양 지각

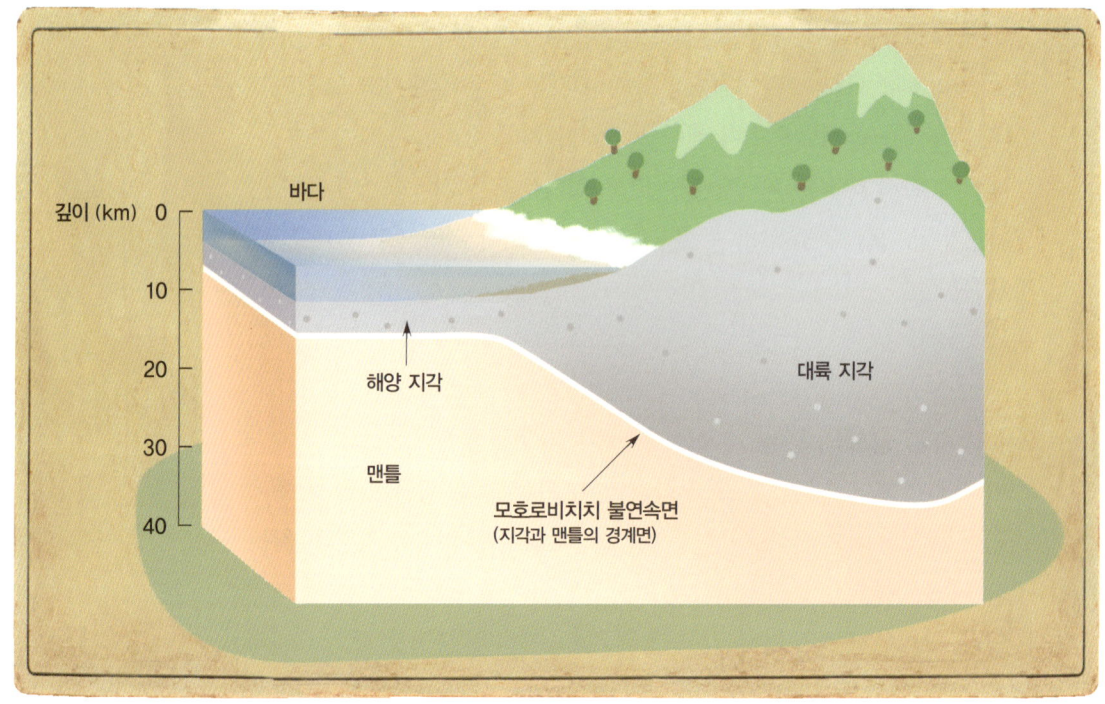

설'을 내놓게 된다.

물론 그 사이 다른 해양 지질학자들의 연구에 의해 그의 생각을 뒷받침하는 여러 사실들이 발견되었다. 그중 가장 핵심적인 것은 해양 지각이 대륙 지각보다 두께도 더 얇고 나이도 더 젊다는 사실이었다.

헤스는 속으로 쾌재를 불렀다. 왜냐하면 이를 통해 대륙 지각과 해양 지각은 하나이며 해양 지각은 퇴적물이 쌓여 만들어지므로 대륙 지각보다 더 두꺼울 것이라던 당시 지질학자들의 생각이 틀리고, 해양 지각은 대륙 지각과는 별개로 만들어졌을 것이라던 자신의 생각이 맞다는 것이 증명되었기 때문이다.

그러면 과연 헤스가 이런 결과를 바탕으로 주장한 '해저 확장설'이란 무엇일까?

확장되고 있는 해저

헤스는 젊은 시절 잠수함을 타고 해저 지형을 탐사하다가 놀라운 발견을 했다. 해양 지각의 중력이 예상과 다르게 나온 것이었는데, 이것은 분명히 해양 지각이 대륙 지각과는 다르다는 사실을 암시해 준다. 이후에 발견된 해양 지각의 두께와 나이, 그리고 대양저 산맥 중심에 발달한 단층은 그 생각에 확신을 주었다. 이를 토대로 연구에 연구를 거듭한 끝에 놀라운 사실을 발견했다. 베게너가 그토록 주장했던 대륙 이동설의 원인을 발견한 것이다.

해저, 즉 해양 지각이 계속 확장되고 있다는 사실을 헤스는 발견했다. 헤스가 발견한 해저의 모양은 아래의 그림과 같다. 이 그림에 나오는 기요는 헤스가 세계 최초로 발견했다. 이 그림을 토대로 해저 확장설을 설명할 수 있다.

우선, 지각 아래에는 맨틀이 있다. 그런데 이 맨틀은 지구 내부의 온도 차이 때문에 끊임없이 상하로 도는 대류 현상을 일으키고 있다. 이

기요

꼭대기가 평평한 수중 화산. 수심 200m 아래에 고립되어 나타나는데, 평평한 정상의 지름은 10km가 넘기도 한다. 기요라는 이름은 미국의 지질학자이자 지리학자인 아르놀 앙리 기요의 이름에서 따온 것이다.

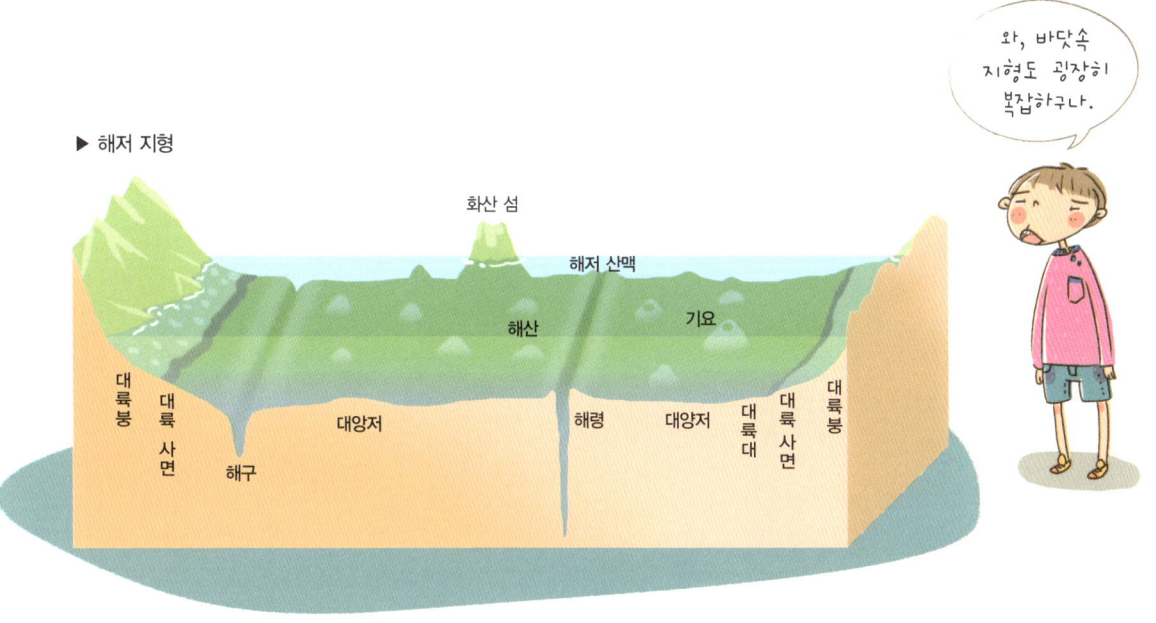

▶ 해저 지형

대류

기체나 액체를 가열했을 때에 생기는 흐름, 또는 그 흐름에 따라서 일어나는 열의 이동이다. 기체나 액체가 부분적으로 가열되면 가열된 부분이 팽창하면서 밀도가 작아져 위로 올라가고, 위에 있던 밀도가 큰 부분은 내려오게 되는데, 이런 과정이 되풀이되면서 기체나 액체 전체가 고르게 가열된다.

때 솟아오르는 맨틀이 두 단층의 경계 부분에서 아주 약한 부분을 발견하면 그 사이를 뚫고 용솟음치게 된다. 이렇게 해서 해저 산맥이 생기고, 또 이 두 단층이 더 벌어져 V자형의 '열곡'이 만들어지는데, 이 해저 산맥과 열곡을 합해 '해령'이라고 한다.

이 해령을 뚫고 나온 고온의 마그마가 양쪽으로 계속 흘러간다. 그리고 이 마그마는 곧 식어서 새로운 지각을 형성한다. 마그마가 계속 흘러나오기 때문에 새로운 지각은 계속 양쪽으로 넓어지는데, 이것이 바로 해저 확장 이론이다.

이때 새롭게 만들어진 해양 지각은 계속 퍼져 나가다가 대륙 지각과 만나는데, 해양 지각이 대륙 지각보다 더 무거우므로 대륙 지각 밑으로 빨려 들어간다. 이렇게 만들어진 것이 바로 '해구'이다. 빨려 들어간 해양 지각은 다시 녹아 맨틀로 들어가고, 이렇게 계속 순환하는 것이다.

즉, 대륙 이동설이란 새롭게 생성되는 해양 지각에 밀려 대륙이 이동한다는 이론이다.

▶ 해저 지형의 형성 과정

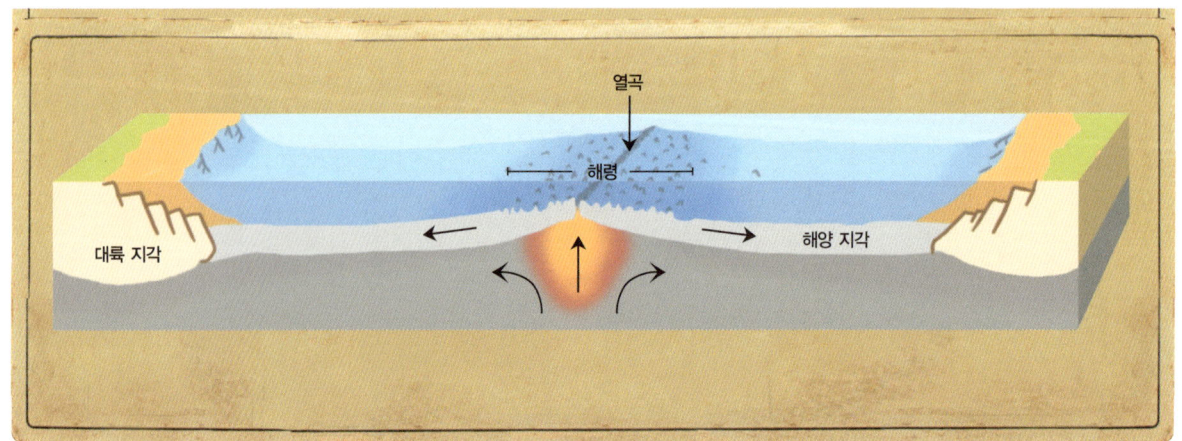

해저 확장설을 증명한 사람들

헤스가 해저 확장설을 내놓은 시기는 1960년, 그러나 정식 논문으로 발표한 것은 그로부터 2년 후인 1962년이다. 문제는 그 사이인 1961년에 미국의 로버트 디에즈라는 학자가 헤스와 똑같은 해저 확장설을 내놓았다는 사실이다.

어떻게 이런 일이 일어날 수 있을까? 그러나 역사적으로 보면 똑같은 학설을 서로 다른 과학자가 동시에 내놓은 경우가 여러 번 있었다. 이때 중요한 것은 누가 먼저 발표를 했느냐이다.

사실 공식적으로 발표한 것은 디에즈가 1년 더 빨랐다. 그러나 헤스는 디에즈보다 1년 빠르게 논문을 이미 완성해 놓은 상태였고, 이 사실은 이미 많은 학자들 사이에 알려져 있었다.

이러한 상황을 알게 된 디에즈는 해저 확장설을 헤스의 공으로 돌렸다. 정말 보기 드문 양보의 미덕을 발휘한 셈이다. 어쨌든 지금 우리는 해저 확장설 하면 헤스의 이름을 먼저 떠올리지만, 반드시 디에즈의 이

고지자기설

지질 시대에 생성된 암석이 그 당시의 지구 자기장의 방향으로 자기화된 광물을 포함하여 잔류 자기를 갖게 되면, 이를 측정하여 지구 자기의 역전 현상과 해저 확장의 증거를 얻을 수 있다.

름도 따라다니는 것을 볼 수 있다.

두 학자가 똑같은 생각을 할 정도로 해저 확장설은 확실한 것이었다. 이후 해저 확장설은 여러 학자들에 의해 검증된다.

그중 가장 확실한 증거를 제시한 사람은 1963년 고지자기설(古地磁氣說)을 내놓은 영국의 지질학자 바인과 매튜스이다. 그들은 자기장의 흐름을 통해 과거의 지각 층이 어떻게 움직였는지를 과학적으로 분석해 냈는데, 그린란드 섬 부근의 레이카니스 해령에서 측정한 지구 자기장을 연구한 결과 헤스와 디에즈가 주장한 해저 확장이 분명히 일어나고 있다는 사실을 밝혀냈다.

특히 바인과 매튜스는 해령에서 지구 자기 역전이 줄무늬로 기록되는 것이 해저 확장의 증거라고 말했다. 즉, 줄무늬의 자기장은 해령을 중심으로 새로운 지각이 양쪽으로 퍼져 나갔다는 사실을 말해 주는 것이라고 한다.

▶ 지구 자기 역전의 줄무늬 모양

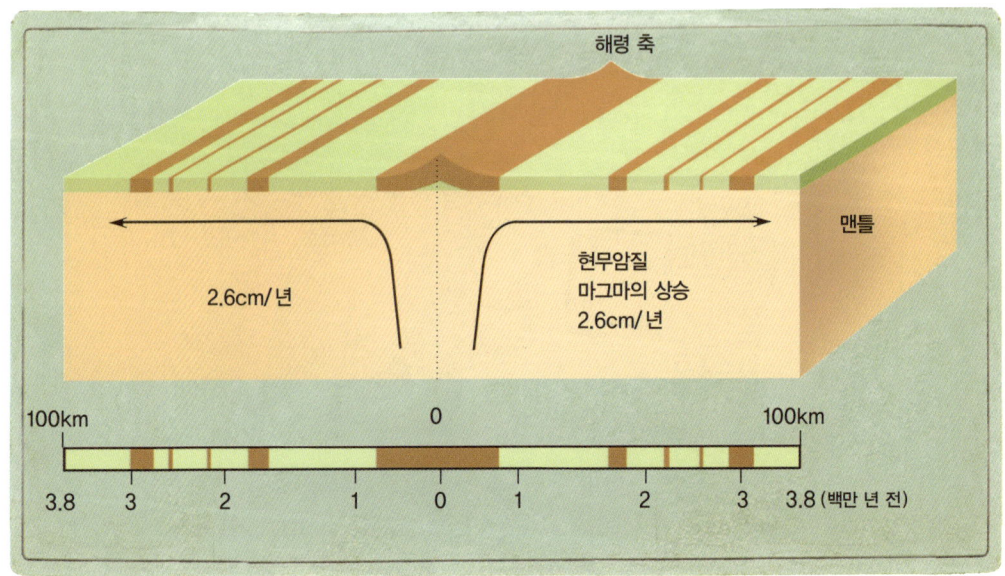

해양 지각이 대륙 지각보다 무거운 이유

해저 확장설에 의하면, 해양 지각이 대륙 지각보다 무겁기 때문에 새롭게 생긴 해양 지각이 뻗어 나가다가 대륙 지각과 만날 때 대륙 지각 밑으로 빨려 들어간다고 했다. 그러면 해양 지각은 왜 대륙 지각보다 무거운 것일까? 이를 이해하기 위해서는 각 지각을 구성하고 있는 주요 암석이 무엇인지 알아야 한다.

대륙 지각은 대부분 화강암질 암석으로 이루어져 있고, 해양 지각은 현무암질 암석으로 이루어져 있다. 대륙 지각이 주로 화강암질 암석으로 이루어져 있는 것은 지하 깊은 곳에서 마그마가 서서히 식어서 암석이 만들어졌기 때문이며, 해양 지각이 주로 현무암질 암석으로 이루어져 있는 것은 물속에서 빠르게 식어서 암석이 만들어졌기 때문이다.

그런데 현무암은 구멍이 송송 나 있어 화강암에 비해 더 가볍다고 알고 있는데, 왜 현무암으로 된 해양 지각이 더 무거운 것일까?

현무암에 구멍이 나 있는 것은 공기와 접한 현무암의 표면에서 나타나는 현상이며, 해양 지각을 구성하는 현무암질 암석은 구멍이 나 있지 않다. 또한 구성 광물의 성분도 다르다. 실제 측정한 대륙 지각의 평균 밀도는 $2.7 g/cm^3$이며, 현무암질 암석으로 이루어져 있는 해양 지각의 평균 밀도는 $3.0 g/cm^3$으로 대륙 지각보다 높다. 또한 감람암질 암석으로 이루어져 있는 상부 맨틀의 밀도는 이보다 무거운 $3.3 g/cm^3$이다.

헤스, 독일 잠수함을 격파시키다

헤스가 독일 잠수함을 격파시켰다니, 이게 무슨 말일까?

헤스는 2차 세계 대전 당시 한창 나이의 젊은이였다. 미국의 젊은 남자라면 누구나 군에 입대하여 전쟁에 참가해야 했었기에 헤스 역시 미 해군에 장교로 입대했다. 미군은 헤스가 과거에 잠수함을 탔던 경험이 있고 지질학자라는 것을 고려하여 그의 지식을 적절히 활용하려고 했다.

당시 미국 해군은 독일 최신예 잠수함의 공격 때문에 연일 심각한 피해를 입고 있었다. 기술력에서 처지던 미국은 해저 세계에 대한 헤스의 해박한 과학 지식에 기대를 거는 것 외에는 뾰족한 수가 없는 상황이었다.

미국은 독일 잠수함이 떠오를 때를 기다렸다가 떠오르는 순간 격파시키는 작전을 폈다. 문제는 독일 잠수함이 언제 어디로 떠오르느냐를 알아내는 것이었다. 헤스는 그의 과학적 지식을 총동원하여 이 문제를 해결해야 했다.

'아마도 그들은 우리 눈을 피할 수 있는 곳으로 떠오르려고 할 것이다. 주로 안개가 자욱하게 끼어 사람의 눈을 피할 수 있는 장소일 것이다. 과연 그곳이 어디일까?'

헤스의 머릿속은 온통 안개가 자욱하게 낀 곳에 대한 생각으로 가득 찼다. 드디어 헤스는 안개가 자주 끼는 곳을 찾아냈다. 그곳은 따뜻한 해류와 찬 해류가 만나는 지점인 미국의 동부 대서양 쪽이었다. 헤스는 그 장소를 지목했고, 미국의 정찰기는 그곳을 집중적으로 정찰하기 시작했다. 결국 거기에서 편안하게 쉬고 있는 독일의 잠수함을 발견해 모두 격파할 수 있었다.

 이 일화는 과학적 지식이 전쟁에서도 매우 중요하게 쓰인다는 사실을 일깨워 준 사건이었다.

대기압의 발견 07

중학교 3 과학
4. 물의 순환과 일기 변화 / 일기 변화
고등학교 지구과학 II
2. 대기의 운동과 순환 / 대기의 운동

진공

물질이 전혀 존재하지 않는 공간을 가리킨다. 그러나 실제로 그와 같은 공간을 만들어 낸다는 것은 불가능하기 때문에 기압이 아주 낮은 상태를 뜻한다.

대기압

대기의 압력. 북위 45도의 바다 면과 0°C의 온도에서 수은 기둥을 높이 760mm까지 올리는 데 작용하는 압력을 1기압이라 하며, 1기압은 1,013.25헥토파스칼과 같다. 기호는 atm이다.

공기에도 무게가 있다 – 대기압의 발견

1640년, 이탈리아 토스카나 지방의 대공이 궁전의 하인들에게 우물을 파라고 지시했다. 물길을 잘 찾지 못한 하인들은 12m나 파 내려간 끝에 드디어 물길을 찾았다.

그런데 오히려 문제는 여기에서 시작됐다. 펌프를 비롯해 온갖 도구들을 동원해도 지하 12m에 있는 물을 끌어올릴 수 없었던 것이다. 결국 토스카나 대공은 당대 최고의 과학자라 칭송받던 갈릴레이에게 이 문제의 해결 방법을 묻는다. 그러나 당대 최고의 과학자 갈릴레이조차도 속 시원한 해결책을 제시하지 못했다.

당시 갈릴레이의 조교는 토리첼리였다. 갈릴레이는 토리첼리에게 진공을 만들어 이 문제를 해결해 보라고 지시했다. 아마 진공의 힘이라면 지하 12m에 있는 물을 끌어올릴 수 있다고 생각한 것 같다.

과연 토리첼리는 어떤 방법으로 진공 상태를 만들었을까? 그런데 엉뚱하게도 토리첼리는 이 문제의 답을 구하는 과정에서 세계 최초로 '대기압'을 발견하게 된다. 진공과 대기압은 도대체 어떤 관련이 있기에, 토리첼리가 진공 상태를 만들다가 대기압을 발견할 수 있었을까?

공기가 누르는 힘이 진공보다 세다 – 토리첼리

1608년 이탈리아에서 태어난 토리첼리는 공부를 아주 잘했다. 그는 로마에 있는 사피엔차 대학에서 수학을 공부했는데 이곳에서 스승 카스텔리와 운명적으로 만난다.

카스텔리는 바로 그 유명한 갈릴레이의 제자였다. 그와의 만남 덕분에 토리첼리는 자연스럽게 갈릴레이를 만나게 되었고, 결국 그의 조수로 일하게 되었다. 그의 첫 번째 임무는 다름 아닌 진공 상태를 만드는 일이었다.

갈릴레이는 지하 10m에 있는 물은 끌어올릴 수 있지만 지하 12m에 있는 물은 끌어올릴 수 없는 현상을 잘 이해하지 못했다. 그런 상황에서 막연하게 진공의 힘만이 이 문제를 해결할 수 있을 것이라고 생각한 그는 토리첼리에게 진공을 만들어 볼 것을 지시했다. 하지만 당시에는 '자연은 진공을 싫어한다'는 아리스토텔레스의 사상이 온 세상을 지배하고 있던 때로, 진공을 만든다는 것은 상상조차 하기 힘든 일이었다.

문제를 해결하기 위해 고민을 거듭하던 토리첼리는 갈릴레이와 전혀 다른 생각을 해 보았다. 즉 지하에 있는 물을 끌어올릴 수 있는 것은 '공기가 무게를 갖고 있기 때문'이라고 생각한 것이다. 그의 생각처럼 만약 공기가 무게를 가지고 있다면, 이 공기가 누르는 힘 때문에 물이 끌어올려지는데 12m 이상은 공기의 힘이 충분하지 못해 물을 끌어올릴 수 없다는 결론이 나온다.

과학자 노트

갈릴레이
(Galileo Galilei, 1564~1642)
근대 천문학의 아버지 또는 근대 물리학의 아버지라 불린다. 어려서는 피렌체 근방의 수도원에서 교육을 받았고, 1581년에 피사 대학에 입학하여 의학을 공부했으나 수학에 더 큰 흥미를 가져 곧 그만두고 수학과 물리학을 공부했다.
1583년에 우연히 성당에 걸려 있는 램프가 흔들리는 것을 보고 '진자의 등시성'을 발견했다. 1609년에는 네덜란드에서 발명된 망원경을 개량해서 그 배율을 높여 천체 관측에 처음으로 사용했다. 또한 코페르니쿠스의 이론을 옹호하여 태양계의 중심이 지구가 아니고 태양임을 믿었는데, 이러한 생각을 담은 〈두 가지 주요 우주 구조에 관한 대화〉라는 논문을 발표해 로마 교황청의 재판을 받기도 했다.

비중

어떤 물질의 질량과 그것과 같은 부피의 표준 물질의 질량과의 비율. 표준 물질은 고체나 액체의 경우에는 4℃의 물을 사용하며, 기체의 경우에는 일반적으로 0℃에서 1기압의 공기를 표준으로 한다.

세계 최초의 진공을 만들어 낸 기압

토리첼리는 자신의 생각을 실행에 옮기기 시작했다.

그는 우선 물 대신 수은을 사용하기로 했다. 물을 사용하면 길이 10m 이상의 관이 있어야 하지만, 물보다 비중이 13배 이상 큰 수은을 사용하면 그 10분의 1인 1m 정도 되는 관만 있어도 실험이 가능했기 때문이다.

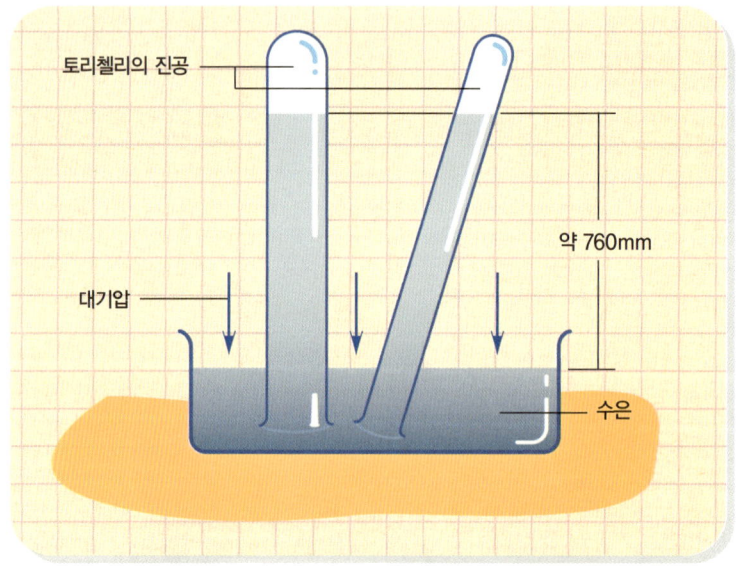

▶ 토리첼리의 진공 실험

토리첼리는 1m 정도 길이의 유리관에 수은을 가득 채우고 이 유리관을 그림과 같이 큰 그릇에 거꾸로 뒤집었다. 그러자 수은의 일부가 유리관에서 쏟아져 나와 큰 그릇을 채우더니 수은의 높이가 76cm가 되자 더 이상 아래로 내려오지 않았다. 토리첼리는 이를 이상하게 여기고 유리관을 비스듬히 기울여 보았다. 그런데 아무리 많이 기울여도 수은의 높이는 변하지 않았다.

토리첼리는 깊은 생각에 빠졌다. 그러다가 처음 생각했던 것처럼 공기에 무게가 있다면, 공기는 큰 그릇에 채워진 수은을 누를 것이고, 따라서 이 공기가 누르는 힘 때문에 유리관의 수은이 더 이상 아래로 내려오지 못한다는 데까지 생각이 미쳤다.

 토리첼리는 이 실험을 통해 세계에서 최초로 공기에도 무게가 있다는 것을 밝혀냈다. 그리고 이 무게 때문에 기압이 작용한다는 사실도 알게 되었다. 이것은 실로 놀라운 발견이었다. 하지만 그가 발견한 것은 이것이 전부가 아니었다. 이때 유리관 속에 만들어진 빈 공간은 무엇일까?

 그것은 바로 스승 갈릴레이가 만들라고 했던 그 '진공'이었다. 진공 역시 세계 최초의 발견이었다. 토리첼리가 진공을 만들기 전까지는 어느 누구도 진공 상태를 만들지 못했다.

 토리첼리는 이 실험 하나로 단번에 스타가 되었다. 스승 갈릴레이가 세상을 떠난 후, 토리첼리는 갈릴레이의 빈자리를 대신했다. 이후 토리첼리는 수많은 과학적 업적을 남겼다.

 이렇게 우리에게 기압과 진공의 선물을 가져다 준 토리첼리는, 전염병에 걸려 39세의 젊은 나이로 갑자기 세상을 떠났다. 물론 그가 남긴

과학자 노트

파스칼
(Blaise Pascal, 1623~1662)
프랑스의 철학자이자 수학자, 물리학자이다. 그는 수학 분야에서 확률 이론을 만들었고, 과학 분야에서도 압력의 원리를 발견하는 업적을 세웠다. 현재 압력의 단위로 사용하는 파스칼은 그의 이름에서 유래했다.

수은 기압계

과학적 업적이 많지만, 그래도 젊은 나이에 세상을 떠난 것은 과학 역사에서 매우 큰 손실이었다.

기압을 증명한 파스칼

파스칼은 '인간은 생각하는 갈대다'라는 유명한 말을 남긴 철학자이다. 그런 그가 수학자이자 과학자이기도 했다는 사실을 아는 사람은 의외로 많지 않다.

파스칼은 철학자이기도 했지만, 사실 수학자이자 물리학자였다. 또한 토리첼리의 친구이기도 했다.

파스칼은 토리첼리가 기압의 존재를 발견했다는 소식을 전해 듣고 자신이 직접 기압의 존재를 확인해 보고자 했다. 그는 높은 산 위에서 수은 기둥의 높이가 어떻게 변하는지 알아보면 된다고 생각했다. 토리첼리의 말대로라면 높이 올라갈수록 공기 층의 두께가 더 얇아지니 당연히 기압도 낮아져 수은 기둥의 높이도 낮아질 것이라고 생각했기 때문이다.

마침 그의 집 근처에는 퓌드돔 산이라는 높은 산이 있었다. 그는 이것을 당장 실험해 보고 싶었으나, 건강이 별로 안 좋아 당장 실행에 옮기지 못했다. 이때 그의 처지를 안타깝게 여긴 처남이 도와주겠다고 나섰다. 파스칼은 처남에게 실험에 사용할 수은 기압계를 건네주었다.

처남은 파스칼이 준 수은 기압계를 들고 산 위로 올라갔다. 그런데 수은 기둥의 높이가 산 위로 올라갈수록 점점 낮아졌다. 수은 기둥의 높이는 처음에는 26.4인치(약 67cm)였다가 산의 정상에 올랐을 때는 거의 23.2인치(약 59cm)까지 내려왔다.

이것으로 토리첼리가 발견한 기압이 실제로 존재한다는 것을 증명했다. 만약 친구 파스칼이 없었다면 기압의 존재를 증명하는 것은 아마 먼 훗날에나 이루어졌을 것이다.

기압의 실체

우리는 압력을 단순히 누르는 힘이라고 생각할 때가 많다. 따라서 기압도 당연히 공기가 누르는 힘이라고 생각한다. 그런데 사실 거의 무게감이 느껴지지 않는 공기에 어떻게 누르는 힘이 생길 수 있을까 하는 의문이 들기도 한다. 기압을 이해하기 위해서는 공기를 이루고 있는 분자들의 운동을 이해해야 한다.

공기는 대부분 질소 분자와 산소 분자로 이루어져 있다. 이러한 기체 분자들은 빈 공간 속에서 매우 빠르고 자유롭게 운동한다. 이렇게 수많은 공기 분자들이 자유롭게 운동할 때 분자들끼리 서로 부딪치고, 또 어떤 면(예를 들면 땅)과 만나면 그 면과 충돌을 반복한다. 기압은 바로 이 공기 분자들의 충돌 때문에 나타난다. 즉, 공기 분자들의 충돌이 많을수록 기압은 높아지고 충돌이 적어질수록 기압은 낮아진다.

그러면 왜 높은 곳으로 올라갈수록 기압이 낮아지는 것일까? 그 이유는 공기 분자의 수와 관련이 있다. 즉, 공기 분자의 수는 지표면에서 가장 많고 높은 곳으로 올라갈수록 점점 줄어든다. 따라서 공기 분자의 수가 가장 많은 지표면에서는 그만큼 충돌 횟수가 많으므로 기압이 높고, 높은 곳으로 갈수록 공기 분자의 수가 적어지므로 충돌 횟수가 줄어들어 기압이 낮아지는 것이다.

You Know What?

특명, 진공을 증명하라!

토리첼리가 발견한 기압의 존재는 그의 친구 파스칼이 멋지게 증명했다. 다음으로 사람들의 관심은 그가 주장하는 '진공'이 과연 무엇인가 하는 데 있었다. 토리첼리가 진공에 대해 아무리 설명해도 사람들은 이해하지 못했다.

토리첼리의 진공에 대한 이야기는 유럽 전역으로 퍼져 나갔고, 독일 마그데부르크 시의 시장 게리케의 귀에까지 전해졌다. 이 소식을 들은 게리케는 진공의 존재에 대한 궁금증을 꼭 풀고 싶었다. 그래서 다음과 같은 실험을 구상하여 실행에 옮겼다.

우선 한쪽 반구에만 밸브가 달려 있는 두 개의 반구를 준비하여 이 둘을 완전히 밀착시킨 다음, 한쪽 반구의 밸브를 통해 속에 든 공기를 완전히 빼냈다. 즉 공기가 완전히 제거된 진공 상태를 만든 것이다.

이렇게 만들어진 진공 상태는 놀라운 결과를 낳았다. 어떤 장사의 힘으로도 달라붙은 두 개의 반구를 떼어 놓을 수가 없었던 것이다. 사람의 힘으로는 도저히 이 반구를 떼어 놓을 수 없다고 판단한 게리케는 말을 동원하여 양쪽에서 끌게 함으로써 이 반구를 떼어 놓으려고 했다.

결국 양쪽으로 각각 여덟 마리씩 총 열여섯 마리의 말이 동원되고 나서야 두

반구는 서로 분리되었다.

　이 이야기를 통해 진공의 힘이 얼마나 대단한지 알 수 있다. 이렇게 토리첼리의 진공은 게리케의 마그데부르크 반구 실험으로 다시 한 번 확실하게 그 존재가 증명되었다.

기압과 바람 08

구름의 모양을 보니 날씨가 맑아지겠네!

중학교 3 과학
4. 물의 순환과 일기 변화 / 일기 변화

고등학교 지구과학 I
2. 살아 있는 지구 / 일기의 변화

구름과 바람의 작명가들

여러분은 하늘에 떠 있는 구름을 보면 어떤 생각이 드는가? 아름답다, 계속 흘러서 어디로 갈까, 만져 보고 싶다 등등 사람마다 서로 다른 생각을 할 것이다.

19세기 초 루크 하워드라는 사람은 구름에 이름을 지어 주었다. 보통 사람들은 생각지도 못한 발상이었다. 구름은 모양이 계속 변하기 때문에 어느 상태가 본 모습인지 알 수가 없다. 시시때때로 변하는 구름에 이름을 붙인다는 생각은 상상도 못할 획기적인 일이었다.

또한 구름보다 더 종잡을 수 없이 변하는 바람에 이름을 지어 준 사람도 있다. 19세기 초의 프랜시스 보퍼트라는 사람이다. 바람은 눈에 보이지 않으므로 그는 바람의 세기에 따라 실바람, 산들바람, 센바람과 같은 식으로 이름을 붙였다.

구름의 표정을 읽은 사람, 하워드

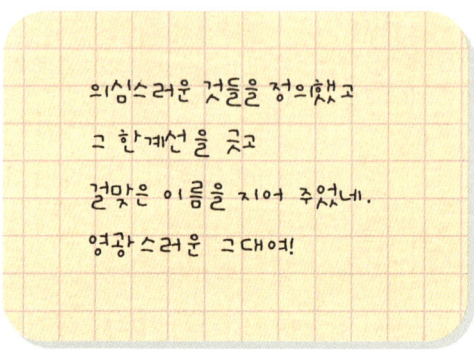

의심스러운 것들을 정의했고
그 한계선을 긋고
걸맞은 이름을 지어 주었네.
영광스러운 그대여!

이 시는 유명한 시인이자 철학자인 괴테가 루크 하워드에게 바친 시이다. 괴테에게 '영광스러운 그대'라는 찬사를 받은 하워드는 어떤 사람일까?

하워드는 1772년 영국 런던에서 태어났다. 어려서부터 과학에 관심

이 많았지만 과학자가 아닌 약제사로 일했다. 그러나 하워드는 꿈을 버리지 않고 계속 독학으로 과학을 공부했다.

하워드는 특히 구름에 관심이 많았다. 그러나 당시만 해도 기상에 대한 과학적인 연구가 거의 없었기 때문에 구름에 대한 연구도 거의 이루어지지 않았다. 하워드는 구름을 과학적으로 탐구해 보고 싶었다.

사람들은 구름의 모양이 너무나 다양하고 일정하지 않기 때문에 대강 눈에 보이는 대로 이름을 지어 불렀지만, 하워드의 눈에 보이는 구름은 달랐다. 하워드는 구름의 모양이 몇 가지 형태로 나타난다는 사실을 발견했다.

그는 우선 구름은 세 가지 기본 형태(권운, 적운, 층운)가 있고 이것이 네 가지의 형태(권적운, 권층운, 층적운, 난운)로 변한다고 생각했다. 즉, 구름을 총 일곱 가지로 분류하여 이름을 지어 주었다.

열섬 현상
도시 지역의 기후가 다른 지역에 비해 더 따뜻한 현상이다. 하워드는 이러한 현상이 나타나는 이유는 도로가 늘고 식물의 수가 줄었기 때문이라고 했다.

스모그 현상
대도시나 공업 지역에서 대기 속의 먼지나 매연 입자가 수증기와 엉겨 붙어 안개처럼 되는 현상을 말한다.

근대 기상학의 기초를 세우다

하워드의 구름에 대한 분류는 근대 기상학이 시작되는 계기가 되었다. 하워드가 제시한 구름 분류법은 단순히 구름에 이름만 붙인 것이 아니라, 구름의 변화 과정을 통한 기상 변화까지 과학적으로 설명했기 때문이다. 하워드는 적운을 지상 낮은 곳에서 반구 모양으로 두껍게 솟아오른 모양이라고 설명했다. 또 이 구름은 해가 뜰 때 나타나서 점점 커지다가 가장 더울 때인 정오를 지나면서 점점 작아지고, 해가 질 무렵이면 거의 사라져 버린다고 말했다.

하늘에 적운이 활발하게 생성되고 있다면, 비가 올 징조라고 보면 된다. 또한 적운이 계속 커지면 적란운이 되어 천둥 번개가 칠 수도 있다. "만약 하늘에 적운이 생겼다면 비가 올 징조라고 보시면 됩니다. 또한 적운이 사라지지 않고 계속 커지면 천둥 번개가 칠 수도 있습니다."

하워드는 이뿐만 아니라 이슬, 열섬, 스모그 현상 등에 대해서도 과학적으로 설명하면서 런던의 기상에 대한 책을 쓰기도 했다.

바람도 이름이 필요하다, 보퍼트

1774년 영국에서 태어난 프랜시스 보퍼트는 바다를 좋아했다. 배를 타고 바다에 나가 일하고 싶어서 배를 타는 선원이 되었다. 그러나 선원 생활은 만만치 않았다. 무엇보다도 한 치 앞을 내다볼 수 없는 바람과 거친 바다 날씨와의 싸움은 생명을 위협할 정도였다.

보퍼트는 훌륭한 선원이 되기 위해서는 날씨를 예측하는 것이 중요하다고 생각했다. 그러나 당시에는 날씨를 예측하는 몇 가지 방법만 전해질 뿐 체계적인 내용은 하나도 없었다.

보퍼트는 우선 바람에 대해 연구하기로 결심했다. 여러 가지 날씨의 조건 중 바다를 항해하는 배에 가장 큰 영향을 미치는 것은 바로 바람이기 때문이다. 당시 보퍼트는 하워드의 구름 분류법에 대한 이야기를 듣고 매우 감명을 받았다. 그래서 자신도 바람을 분류하겠다고 마음먹었다.

풍력 계급

바람의 세기를 나타내기 위해 파도의 상태나 굴뚝의 연기가 뻗치는 모습, 나뭇가지가 흔들리는 정도 등을 몇 가지 계급으로 나누어 나타낸 것. 계급 번호가 커질수록 풍속이 강하다.

이전의 몇몇 학자들이 바람의 세기에 따른 이름을 붙인 적은 있으나, 보퍼트는 그보다 더 과학적이고 체계적으로 분류했다. 1806년, 드디어 보퍼트가 바람을 그 세기에 따라 분류한 표가 완성되었다.

그는 바람의 세기에 따라 14단계로 이름과 상태를 기록했다. 물론 이때 바람의 세기는 배의 돛이나 바다 표면, 나뭇가지 등이 어떻게 움직이느냐에 따라 분류했다. 이 표를 '보퍼트 풍력 계급'이라고 부른다.

이러한 보퍼트 풍력 계급은 당시 해양의 기상 연구에 커다란 영향을 미쳤다. 많은 사람들이 항해를 할 때 이 계급을 사용했는데, 그중에는 진화론의 대가인 찰스 다윈도 있었다.

1806년에 처음 만들어진 보퍼트 풍력 계급은 1964년에 개정하여 오늘날까지 계속 사용하고 있다.

다음 표는 초기 보퍼트 풍력 계급에서 사용했던 바람의 이름과 오늘날 사용하고 있는 바람의 이름이다.

▶ 초기의 보퍼트 풍력 계급

세기	0	1	2	3	4	5	6	7	8	9	10	11	12	13
이름	고요	옅은 바람	실바람	남실 바람	산들 바람	건들 바람	흔들 바람	규칙적 산들바람	센바람	강한 센바람	큰바람	큰센 바람	돌풍 센바람	노대 바람

▶ 현대의 보퍼트 풍력 계급

세기	0	1	2	3	4	5	6	7	8	9	10	11	12~17
이름	고요	실바람	남실 바람	산들 바람	건들 바람	흔들 바람	된바람	센바람	큰바람	큰 센바람	노대 바람	왕바람	싹쓸 바람

높이에 따른 구름의 입자

하워드의 구름 분류법을 기초로 하여 1956년 국제 연합의 세계 기상 기구(WMO)는 《국제 구름 도감 International Cloud Atlas》을 발간했다. 이 책에서는 구름의 종류를 다음과 같은 열 가지로 구분했다.

상층운(권운, 권적운, 권층운), 중층운(고적운, 고층운, 난층운), 하층운(층적운, 층운), 수직운(적운, 적란운)이 그것이다.

그러면 이러한 구름들을 이루고 있는 입자는 어떤 것일까? 지표에서 증발한 수증기가 높은 곳으로 올라가면 온도가 낮아지기 때문에 응결하여 아주 미세한 물방울로 변한다. 이 물방울이 모여 만들어지는 것이 구름이다. 이때 높은 곳으로 갈수록 온도가 더욱 낮아지기 때문에 물방울은 얼음 결정(빙정이라 함)으로 변한다.

지상에서 2km 이내에 있는 비교적 낮은 곳의 구름인 하층운은 대부분 물방울로 이루어져 있다. 그러나 지상 2~7km에 분포하는 중층운은 하층운보다 온도가 낮기 때문에 물방울과 얼음 결정이 섞여 있다. 또 중층운에는 온도가 매우 낮은 물방울(과냉각 물방울)도 섞여 있다. 지상 5~13km에 분포하는 상층운은 온도가 매우 낮기 때문에 얼음 결정으로 이루어져 있다. 한편, 지상 0.5km부터 수직으로 길게 발달한 수직운은 지상 부근 낮은 곳의 구름은 물방울로, 높은 곳의 구름은 얼음 결정으로 이루어져 있다.

영어냐, 라틴 어냐

　루크 하워드는 구름의 이름을 지을 때 라틴 어를 이용했다. 털 같은 모양을 한 '권운'은 라틴 어로 곱슬머리라는 뜻인 cirrus라고 이름 붙였다. 그리고 높게 쌓인 모양의 '적운'은 쌓여 있다는 의미인 cumulus, 넓은 층 모양인 '층운'은 층을 의미하는 stratus, 비를 내리게 하는 '난운'은 폭우를 뜻하는 nimbus라는 이름을 붙였다.

　만약 자기 나라인 영국에서만 사용할 생각이었다면 당연히 영어로 된 이름을 지었겠지만, 하워드는 더 많은 사람들이 사용할 것을 생각하고 구름의 이름을 라틴 어로 짓는 모험을 감행했다.

　그러나 라틴 어에 익숙하지 않은 영국에서는 이런 용어들이 당연히 어려운 말일 수밖에 없었다. 존 보스톡은 하워드의 용어가 사용하기 어렵고 그의 가설이 정확하지 않다고 주장했다. 하워드가 발표한 구름의 이름들에 대해 반대하는 여론이 생기기 시작했다.

　심지어 하워드를 지지하던 그의 조수인 토머스 포스터까지도 돌변했다. 하워드의 라틴 어 방식이 어렵다며 자신이 영어로 번역하여 만든 이름을 퍼트리고 다녔다.

그러나 역사는 하워드의 손을 들어 주었다. 라틴 어가 어렵다고 투덜거렸던 사람들이 오히려 하워드의 처음 방식이 더 과학적이라고 생각한 것이다. 하워드의 용어가 라틴 어로 되어 있어서, 세계 기상학의 공통 언어를 정립하는 기틀이 되었다. 그래서 지금까지도 영어가 아닌 라틴 어로 된 구름의 이름을 사용하고 있다. 영어와 라틴 어의 대결에서 라틴 어가 승리한 것이다.

바람의 대순환 09

고등학교 지구과학 II
2. 대기의 운동과 순환 / 대기의 운동

콜럼버스

이탈리아 제노바 출생의 탐험가이다. 에스파냐 여왕 이사벨의 후원을 받아 인도를 찾아 항해를 떠났다. 3차에 걸친 항해 끝에 쿠바, 아이티, 트리니다드 등을 발견했다. 그의 서인도 항로 발견으로 아메리카 대륙은 유럽인들의 활동 무대가 되었고, 에스파냐가 주축이 된 신대륙 식민지 경영도 시작되었다.

바람을 타고 신대륙으로

세계사적으로 봤을 때 15세기 최대의 사건은 아마도 콜럼버스가 아메리카 대륙을 발견한 사건일 것이다. 콜럼버스는 지구가 둥글다고 믿었다. 그래서 서쪽으로 계속 가다 보면 분명히 아시아에 도착할 것이라고 생각했다.

1492년, 콜럼버스는 드디어 배 세 척을 이끌고 험난한 여행을 떠났다. 비바람, 폭풍과 싸우며 도착한 곳은 원래 목표했던 아시아가 아니었지만, 그는 아메리카 대륙을 발견했다. 그곳에는 이미 오래전부터 원주민들이 살고 있었지만 콜럼버스 일행에게는 처음 밟는 새로운 땅이었다. 지금 세계 최강국으로 군림하고 있는 미국도 만약 콜럼버스의 발견이 없었다면 존재하지 않았을 것이다.

그런데 모터도 없던 시절에 콜럼버스는 무슨 힘으로 수백 킬로미터나 떨어진 아메리카까지 갈 수 있었을까? 콜럼버스는 대서양에 서쪽으로 일정하게 부는 바람, 즉 무역풍이 존재한다는 사실을 알고 있었다. 바로 이 바람을 타고 대서양을 건너 서쪽의 아메리카까지 갈 수 있었다. 모터가 없었지만, 모터보다 더 힘이 센 바람을 이용하여 긴 여행을 한 것이다.

바람의 움직임에 대해 연구하던 사람 중에 윌리엄 페렐이 있었다. 어느 날 페렐은 바람을 연구하던 중에 전 지구적인 바람의 대순환을 발견했다. 몇몇 지역의 바람이 일정한 방향으로 분다는 사실은 옛날부터 알려져 있었지만, 전 지구적인 바람의 흐름을 과학적으로 명확히 밝힌 것은 그가 처음이었다.

페렐보다 먼저 바람에 대해 연구한 헬리와 해들리도 있다. 이들은 바람의 대순환 때문에 생기는 무역풍을 관찰하고 연구했다.

이들이 연구한 바람 이야기를 한번 들어 보자.

무역풍을 연구한 핼리와 해들리

육지와 달리 바다에서는 바람이 일정한 방향으로 분다. 특히 북반구의 적도 부근에서는 동쪽에서 서쪽 방향으로 비스듬히 적도를 향해 부는 바람이 있는데, 이를 '북동 무역풍'이라고 한다.

이러한 무역풍의 움직임을 관찰하고 연구한 사람이 바로 에드먼드 핼리이다. 에드먼드 핼리는 너무도 유명한 핼리 혜성을 발견한 사람이다.

17세기 천문학자였던 핼리는 남반구의 별 목록을 작성하면서 무역풍의 움직임을 관찰했다. 이것을 계기로 핼리는 남반구와 북반구의 무역풍에 관한 이론을 체계화하는 작업을 했다.

핼리의 연구에 자극을 받은 18세기 영국의 기상학자 해들리는 무역풍 연구에 몰두했다. 그는 무역풍이 생기는 이유가 바람의 순환 때문이라고 생각했다. 즉, 적도 지방의 따뜻한 공기가 상승하여 대류권 계면 부근에서 남반구와 북반구로 갈라져 각각 남북으로 이동하다가, 위도 30도 부근에서 다시 하강하여 지면의 적도를 향해 부는 바람이 바로 무역풍이라는 사실을 발견한 것이다.

해들리가 발견했기 때문에 이러한 바람의 순환을 '해들리 순환' 또는 '해들리 세포'라고 부른다.

대류권 계면

지구 대기권에서 대류권과 성층권의 경계 영역을 나타낸다. 높이는 계절과 위도에 따라 다르지만 평균적으로 약 12km이다.

편서풍

지구 상의 중위도 지방의 남위 및 북위 35~65도 상공에서 1년 내내 서쪽으로 치우쳐 부는 바람. 저기압은 보통 이 바람 때문에 동쪽으로 이동해 가며, 편서풍의 띠는 때로는 남북으로 물결치면서 동쪽으로 이동해 날씨 변화의 원인이 된다.

편서풍이 부는 이유

1817년, 미국 펜실베이니아 주에서 태어난 윌리엄 페렐은 대학에서 수학을 전공했으나 점점 기상학에 관심이 생겼다. 특히 지구의 자전 효과가 바람과 해류에 미치는 영향에 흥미를 느끼고 연구에 집중했다.

페렐은 적도 부근에는 저기압대의 기류가 형성되지만, 위도 30도 부근의 중위도 지방에는 고기압대가 형성된다는 사실을 알아내고, 바로 이 중위도 지방에서 바람의 순환에 대한 힌트를 얻었다. 페렐은 이 연구 결과를 바탕으로 1856년, 〈바람과 해류에 관한 에세이〉라는 논문을 발표했다.

공기는 흔히 차가운 곳에서 하강하고, 따뜻한 곳에서 상승하지만 페렐 순환은 반대이다. 페렐 순환은 위도 30도 부근에서 하강한 따뜻한 공기가 지표를 따라 극 쪽으로 이동하다가 상대적으로 저온인 위도 60도 부근의 한대 전선대에서 상승하여 이 공기가 상층에서 다시 저위도 쪽으로 이동하여 만들어지는 순환이다. 왜 이런 현상이 나타나는 것일까? 사실 페렐 순환은 간접 순환이라고 부른다. 왜냐하면 페렐 순환은 적도와 위도 30도 사이에서 나타나는 해들리 순환과 위도 60도와 극 지방 사이에서 나타나는 극 순환 사이에 나타나는 열 대류 현상이 일으키는 부수적인 효과이기 때문이다.

이때 위도 30도에는 하강 기류에 의해 고기압이 형성되고 고기압 중심에서 불어 나가는 바람의 일부는 적도 쪽으로 나가 해들리 순환을 일으키고 일부는 극 쪽으로 이동하여 편서풍을 이루다가 한대전선대에서 상승하여 페렐 순환을 만든다.

페렐의 주장을 통해 양 반구의 중위도 지방에 편서풍이 부는 이유에 대해 잘 이해할 수 있다. 페렐이 내놓은 중위도 지방 바람의

▶ 페렐 순환에서의 상승 기류와 하강 기류

상대적으로 저온　　　　　　상대적으로 고온

상승 기류와 하강 기류

상승 기류는 수직 방향으로 상승하는 공기의 흐름이다. 기압은 높이 올라갈수록 낮아지므로 공기 덩어리가 상승하면 부피가 팽창해서 온도가 내려간다. 공기 중에 포함된 수증기는 이슬점 온도에 도달하면 응결되어 구름을 만든다. 상승을 계속하면 구름 입자가 성장해서 비나 눈이 내린다. 하강 기류는 위에서 아래쪽으로 향하는 공기의 흐름이다. 이 기류가 있는 곳에서는 기온이 올라가고 건조하여, 좋은 날씨가 나타난다.

흐름을 '페렐 순환' 또는 '페렐 세포'라고 한다.

그런데 이 이론과 실제에는 차이가 있다. 즉 페렐의 이론에 의하면 중위도 지방에서는 상층부의 바람이 서쪽을 향해 불어야 하는데, 실제로는 동쪽으로 부는 지상풍이 고도가 높아질수록 더욱 강해지는 현상이 생긴다.

대기 대순환을 발견하다

페렐의 관심은 전 지구적인 대기의 순환으로 옮겨갔다. 적도 부근에서는 해들리가 주장한 해들리 순환이 이루어지고, 극지방에는 '극세포'라는 기류가 형성된다. 또한 이 사이에 있는 중위도 지방에는 '페렐 세포'라는 기류가 형성되어 있다.

그런데 페렐은 공기의 흐름은 온도의 영향만 받는 것이 아니라 지구 자전의 영향도 받는다고 했다. 이 때문에 바람의 방향이 바뀌는 것이라고 이야기한다.

물체가 어떤 방향으로 이동할 때 지구 자전으로 인해 발생하는 힘(전

극세포

극세포란 극지방 주위의 고위도 지방에서 발생하는 공기의 흐름이다. 공기는 중위도 지방에서 상승하여 극지방으로 이동하다가 극지방에서 하강한다. 따라서, 지표에서는 극지방에서 고위도 지방으로 이동하는 기류를 말한다.

향력, 코리올리의 힘)의 영향을 받는 것은 당연하다. 따라서 페렐이 말한 바람의 흐름에도 당연히 이 지구 자전의 힘이 영향을 미친다. 그가 연구한 바에 의하면, 북반구에서는 이 힘이 바람을 오른쪽으로 치우치게 하고, 남반구에서는 왼쪽으로 치우치게 한다는 것이다.

이것이 바로 유명한 페렐의 법칙이다. 이 법칙과 해들리 세포, 페렐 세포, 극세포를 합하면 전 지구적인 대기의 대순환 그림이 완성된다. 이 이론은 세 개의 세포를 합해서 만들었다고 해서 '3세포 모델'이라고 부른다.

▶ 지구의 대기 순환

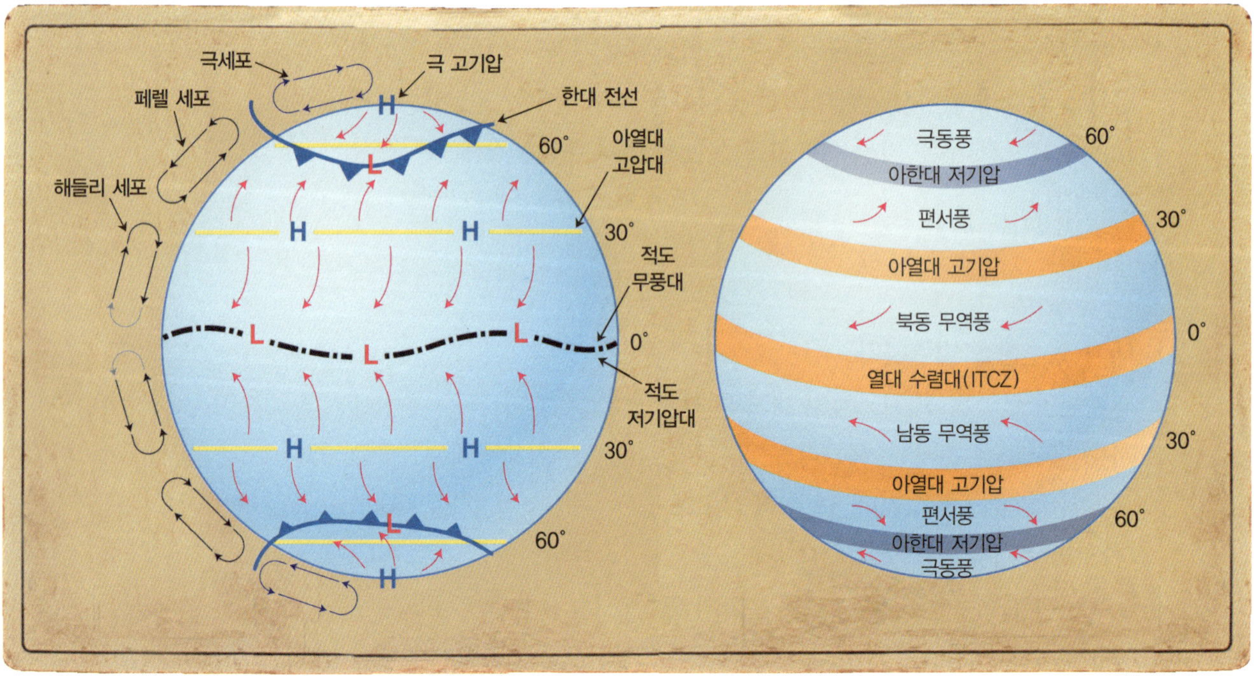

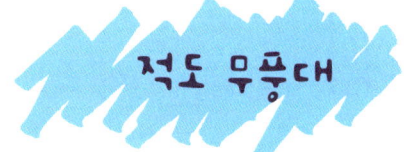

적도 무풍대(赤道無風帶)란 말을 한자 그대로 풀이하면 적도의 바람이 불지 않는 지역을 뜻한다. 과연 적도에 바람이 불지 않는 지역이 존재할까?

적도는 북동 무역풍과 남동 무역풍이 만나는 곳이다. 이러한 무역풍들은 열대 기단을 가지고 있는데, 이들의 충돌로 열대 기단이 적도 기단으로 바뀌면서 약한 상승 기류가 생긴다.

즉, 수평 기류보다 상승 기류가 발달함으로써 바람이 아주 약하게 부는 적도 무풍대가 만들어지는 것이다. 이러한 적도 무풍대에는 바람이 약한 대신 상승 기류로 인해 많은 구름이 생기므로 강우 현상이 자주 나타난다.

적도 무풍대는 적도를 따라 인도양과 태평양 서부 및 아프리카와 중앙아메리카 서부 해안의 적도 약간 북쪽에서 발생하는데, 그 위치가 고정되어 있지 않고 주기적으로 이동하며 나타난다.

태평양을 예로 들면 3월에는 북위 3~5° 사이에 위치하고, 9월에는 북위 7~10° 사이에 위치한다. 또한 적도 무풍대는 계절에 따라서 이동 정도에 차이가 있는데, 여름부터 가을까지는 커지고, 겨울에는 작아진다.

예로부터 갑자기 사라지는 배를 유령선이라 불렀는데, 이는 사실 바람의 힘으로 움직이던 배가 적도 무풍대에 들어서면서 전혀 움직이지 못해 생긴 일이다. 이러한 지역이 있다는 사실이 알려지면서 배들은 이곳을 두려워하게 되었으며, 이곳에 들어서지 않도록 항로에 신경을 썼다.

천재 소년, 페렐

어린 시절 페렐은 시골 농장에서 자라서 조그마한 시골 학교에 다녔다. 그러나 교실이 하나뿐인 작은 시골 학교에서는 천재 소년의 끼를 마음껏 펼칠 수 없었다.

페렐은 지역 신문에 난 과학 기사와 책을 보며 지적인 갈증을 채웠다. 이때 페렐에게 가장 큰 영향을 준 것은 기하학을 다룬 수학 책이었다. 페렐은 이 책을 읽고 또 읽었다.

어느 날, 페렐이 주위 사람들을 깜짝 놀라게 하는 일이 생겼다. 일식이 나타날 날을 수학적으로 정확하게 계산해 냈기 때문이다. 천문학 교육을 받은 적이 단 한 번도 없었는데, 아주 정확하게 계산해 내서 사람들의 감탄을 자아냈다.

"천문학 교육을 제대로 받아도 계산하기 어려울 텐데……."

"그러게 말이야, 페렐은 역시 천재인가 봐."

페렐은 도대체 어떻게 이런 계산을 할 수 있었을까?

어느 날, 페렐은 부분 일식 현상을 보았다. 페렐은 이 현상을 보통 사람처럼 그냥 '신기하다'고 생각하며 지나치지 않았다. 계속 관심을 가지고 분석했다. 일식에 관련된 책들을 모조리 찾아보고 혼자서 연구했다. 페렐의 열정이 작은 시골 마을에서도 천재의 빛을 발한 것이다.

   기하학 책을 달달 외울 정도로 읽고 또 읽어, 일식 날짜를 정확하게 계산해 낸 수학 천재 페렐이었지만, 정식으로 수학 교육을 받은 것은 대학에서였다. 대학에 가기까지 제대로 된 교육을 받지 못했지만 학문에 대한 열정을 가지고 스스로 연구를 계속했다. 역시 천재의 열정은 식을 줄 모르는가 보다!

일기 예보의 발달 10

오늘의 날씨를 알려 드리겠습니다.

중학교 3 과학
4. 물의 순환과 일기 변화 / 일기 변화
고등학교 지구과학 I
2. 살아 있는 지구 / 일기의 변화

과학자 노트

브란데스

(Heinrich Wilhelm Brandes, 1777~1834) 독일의 기상학자, 물리학자. 그는 1820년 처음으로 일기도를 그렸는데, 이 최초의 일기도는 그날의 새로운 일기도가 아니라 1783년 3월 6일 유럽 서부에서 발생한 폭풍우를 연구하기 위해 각지의 관측 자료를 수집, 정리하여 만든 것이었다. 저서로는 《광선의 굴절에 관한 연구》(1807), 《일기학》(1820) 등이 있다.

일기도

어떤 지역의 특정 시각의 기상 상태를 나타낸 지도. 기온, 기압, 풍향, 풍속 등을 숫자, 기호, 등치선 등으로 표시한다.

매일 일기 예보 확인하기

현대인에게 일기 예보를 확인하는 것은 마치 밥을 먹는 것처럼 자연스러운 일이다. 아침에 일기 예보를 듣지 않은 날은 하늘이 조금만 흐려져도 비가 올까 봐 초조하다. 체육 대회나 소풍 때는 며칠 전부터 몇 번씩 일기 예보를 확인한다.

일기 예보를 시작한 것은 그리 오래되지 않았다. 과학적인 일기 예보의 역사는 온도계와 기압계의 발명, 기상학의 발달 등으로 19세기 중엽에 이르러서야 시작되었다. 그런데 인공 위성도 없던 시절에 과학자들은 어떻게 날씨를 예보했을까?

폭풍이 만들어 낸 최초의 일기도

세계 최초의 일기도는 1820년 독일의 브란데스가 만들었다. 그는 이전에 발생한 폭풍우를 연구하기 위해 기압선과 풍향을 기록한 일기도를 그렸다. 일기 예보를 위한 실제적인 일기도가 아니라 단지 연구를 위한 일기도였다.

일기 예보를 위한 최초의 일기도는 1863년, 프랑스에서 만들어졌다. 이 일기도를 만들게 된 계기는 폭풍이었다.

1853년, 러시아는 흑해로 진출하기 위해 전쟁을 일으켰다. 이 전쟁이 유명한 크림 전쟁이다. 그런데 이 전쟁에서 프랑스의 함대가 거대한 폭풍을 만나 침몰하는 사건이 벌어진다. 적의 공격을 받아 침몰되었다면 그나마 이해할 만한데, 한번 싸워 보지도 못하고 폭풍 때문에 침몰하고 말았으니, 프랑스의 충격은 클 수밖에 없었다.

당시 프랑스 황제였던 나폴레옹 3세는 이 소식을 듣고 불같이 화를 냈다. 황제의 명령은 곧 하늘이었기 때문에 파리 천문대 대장이었던 르베리에는 어떻게든 일기 예보를 할 수 있는 방법을 찾아야 했다. 그는 우선 유럽 각국에 있는 관측소에서 수많은 기상 자료를 모아 분석하기 시작했다.

르베리에는 이 자료에서 놀라운 것을 발견했다. 폭풍이 몰려오기 전에, 폭풍을 감지할 수 있는 여러 기상 현상이 관찰된다는 것이다. 르베리에는 이 사실을 곧바로 나폴레옹 3세에게 보고했다. 그 뒤에 일기 예보에 대한 작업은 국가적 사업으로 진행되었고, 1863년 르베리에는 세계 최초로 일기 예보를 위한 일기도를 만들었다.

매일의 날씨를 알려 주는 일기 예보

프랑스에서 르베리에가 일기도를 만들고 있을 당시, 대서양 건너 미국에서도 일기 예보를 연구한 사람이 있었다.

미국에서 최초로 일기 예보를 시도한 사람은 클리블랜드 애비이다. 1838년, 미국 뉴욕에서 태어난 그는 어릴 적부터 망원경으로 별을 관찰하며 천문에 관심을 가졌다. 애비는 대학에서 천문학을 전공하고 신시내티 천문대에서 일했다.

그러나 이 천문대는 상황이 너무 열악하여 제대로 운영하기가 어려운 지경이었다. 이때 애비는 기발한 아이디어를 생각해 냈다. 그것은 천문대를 기상대로 바꾸는 것이었다. 어차피 천문대의 기능을 제대로 못할 바에야 기상대로 활용하는 것이 훨씬 효과적이라고 생각했다.

애비는 이 기상대에서 매일 날씨를 예보할 계획을 세웠다. 어부들이나 농부들에게 큰 도움이 되리라 생각했기 때문이다.

일기 예보에 가장 중요한 것은 각 지역 기상 관측자들의 활동이었다. 이들이 각 지역의 온도, 바람의 세기와 방향, 강수 상태 등과 같은 정보를 보내 주면 애비는 그것을 종합하여 일기도를 만들었다. 그리고 매일 날씨 알림판에 게시했다. 당시 애비가 만든 일기도에서 사용한 기호는 다음 표와 같다.

맑음 : ○　흐림 : ●　비 : Ⓡ　눈 : Ⓢ　풍향 : ⌽

기상대

눈, 비, 바람, 구름, 온도 등의 변화를 관측하여 일기를 예보하고 기후 자료 통계를 관리하는 시설이나 기관을 말한다.

애비의 일기 예보는 사람들에게 아주 좋은 반응을 얻었다. 그의 예상대로 일기 예보가 나가자 농부와 어부들이 가장 좋아했다. 애비의 일기 예보는 매일 신문에 실렸으며, 전신 회사를 통해 통보해 주기도 했다.

이제 애비의 일기 예보는 국가적인 관심사가 되었으며, 일기 예보가 가장 절실한 군대에서 기상국을 만들었다. 이 기상국은 현재 전 세계적으로 영향을 미치는 미국 국립 기상국으로 발전했다.

미국의 기상학회는 그의 업적을 기념하기 위해 기상학에 공헌한 사람에게 클리블랜드 애비상을 주고 있다.

지금은 아주 간편하게 매일 일기 예보를 접하지만, 이 일은 클리블랜드 애비라는 선구자가 있었기 때문에 가능했다.

전선을 발견하다

빌헬름 비에르크네스는 1862년 노르웨이의 과학자 집안에서 태어났다. 그의 아버지는 수학자이자 물리학자였다. 비에르크네스는 아버지의 영향을 받아 대학에서 수학과 물리학을 전공했다.

비에르크네스는 특히 유체 역학을 이용하여 지구 대기의 흐름을 연구하는 데 관심을 가졌다. 그는 대기가 움직이는 원인은 온도와 습도 차이로 생긴 밀도 차이 때문이라고 설명했다. 또한 바다에서는 온도와 염분 때문에 밀도 차이가 생겨서 대기가 움직인다고 설명했다.

비에르크네스는 대기의 움직임을 수학적 계산으로 풀어내는 방정식을 발견했다. 그리고 이러한 지식을 바탕으로 더 정확한 일기 예보를 할 수 있다고 생각했다.

그가 활동하던 당시는 제1차 세계 대전이 한창이던 시기였다. 전쟁에서는 정확한 일기 예보가 필요했는데, 비에르크네스는 군사 작전에 유용한 일기 예보를 만들어 전쟁에 크게 공헌했다.

이후에도 그는 더 과학적인 날씨 정보를 얻기 위해 연구에 연구를 거듭했다. 결국 그는 대기의 변화는 기단과 전선의 움직임 때문에 일어난다는 사실을 알아냈다. 즉 지구의 대기에는 수많은 종류의 기단들이 움직이고 있으며, 특히 성질이 서로 다른 기단, 예를 들어 차가운 기단과 따뜻한 기단이 충돌하면 전선이 만들어진다는 사실을 발견했다. 그리고 이 전선이 여러 가지 기상 현상을 일으킨다는 사실도 알아냈다. 현대의 일기도에 등장하는 '전선'이란 말은 이때 처음 생긴 것이다.

이전의 기상학자들이 정확한 일기 예보를 하지 못했던 것은 바로 대기 중에 있는 전선의 존재를 몰랐기 때문이다. 전선을 발견한 뒤부터는 더욱 과학적인 일기 예보를 할 수 있었다.

비에르크네스는 이전의 어느 과학자보다도 체계적인 방법으로 기상 현상을 연구했다. 그래서 사람들은 그를 '현대 기상학의 아버지'라고 부른다.

그의 업적을 기리기 위해 1995년 '빌헬름 비에르크네스 메달'을 만들어 대기 과학에 공헌한 사람에게 수여하고 있다.

유체 역학

액체와 기체에 작용하는 힘과 에너지의 영향을 다루는 학문이다. 이 분야의 연구 성과에 힘입어 항공 역학이 탄생했다.

기단

넓은 지역에 퍼져 있는 비슷한 성질의 공기 덩어리. 대륙이라든가 해안 등 고른 지표면 위에 대기가 정체할 때 만들어진다. 예를 들면, 시베리아 기단은 그 지역에 고기압이 정체함으로써 만들어진 것이다.

전선

성질이 다른 두 기단의 경계면이 지표와 만나는 선이다. 만약 차가운 기단인 한랭 전선과 따뜻한 기단인 온난 전선이 만나면 상승 기류가 생겨 구름을 만들고 비가 내리게 된다.

기상 연구에 공헌한 3부자

　기상 연구에 커다란 공적을 남긴 빌헬름 비에르크네스의 집안은 3대에 걸친 과학자 집안이다.

　아버지 카를 안톤 비에르크네스도 빌헬름처럼 수학과 물리학을 전공한 과학자였는데, 유체 역학과 서로 떨어진 곳에서 전자기가 어떻게 작용하는지를 연구했다. 아버지는 아들 빌헬름과 함께 연구하기도 했다.

　빌헬름의 아들 야콥 비에르크네스 역시 아버지의 뒤를 이어 기상학자가 되었다. 아들 야콥은 아버지와 같은 분야를 연구했으므로, 아버지가 할아버지를 도왔던 것처럼 아버지를 도와서 함께 연구했다.

　야콥도 기상학 분야에 큰 공적을 남겼는데, 유명한 것이 전선과 제트류에 관한 연구이다. 제트류는 이전의 기상학자들이 발견하지 못한 놀라운 것이었다. 또한 그는 엘니뇨 현상에 대한 연구로도 유명하다.

　그는 1939년 미국으로 건너가 캘리포니아 대학의 기상학과 교수가 되었다. 그런데 당시는 제2차 세계 대전이 한창이던 때였다. 독일이 노르웨이를 침공하자 야콥은 고국으로 돌아갈 수 없는 처지가 되었다. 결국 미국에서 계속 생활하다가 1946년에 미국인으로 귀화하여 죽을 때까지 그곳에서 살았다.

한 집안에서 3대에 걸쳐 비슷한 과학 분야를 연구한 경우는 비에르크네스 집안이 거의 유일할 것이다. 이들은 모두 현대 과학으로 발전하는 길목에서 기상학에 크게 공헌했다는 공통점이 있다.

우리 3부자가 없었다면 현대 과학의 발전이 10년 정도는 늦어졌을걸요!

오존 구멍의 발견 11

어? 오존층에 구멍이 났네?

중학교 1 과학
1. 지구의 구조 / 대기권의 구조
고등학교 지구과학 I
1. 하나뿐인 지구 / 지구의 구성

오존

무색의 자극성 냄새가 있는 기체로 산소(O_2)와 산소 원자(O)가 불안정하게 결합된 산소의 동소체이다. 지표 부근의 오존은 오염 물질에 의해 만들어지기도 하지만 번개가 치는 것과 같이 고전압 전기가 방전될 때, 그리고 식물이 광합성 작용을 할 때 주로 생성된다.

오존층

대기 상층부 중에 오존의 농도가 높은 영역. 지상 고도 10~15km에서 시작하여 20~25km에서 가장 농도가 높아진다. 오존층은 인체나 생물에게 해로운 태양의 자외선을 상공에서 흡수하는 성질이 있다.

자외선은 안전할까

햇빛이 강한 여름에는 얼굴과 피부가 검게 그을린다. 자외선 차단제를 바르지 않으면 피부가 벌겋게 달아올라 살갗이 벗겨질 때도 있다.

이것은 태양이 내뿜는 자외선 때문이다. 그런데 만약 우주 공간에서 태양이 내뿜는 자외선을 그대로 받는다면 어떻게 될까? 살갗이 검게 그을리는 정도가 아니라 생명이 위태로워진다. 그만큼 태양이 내뿜는 자외선은 강렬하다.

지구에 사는 우리는 매일 자외선을 쬐는데 왜 죽지 않을까? 그것은 지구의 대기에 있는 '오존층' 때문이다. 즉 대기 중의 오존층이 태양의 자외선을 흡수하여 우리는 피부가 그을리는 정도의 자외선만 받게 된다.

이러한 오존층에 구멍이 뚫렸다고 주장하는 사람들이 나타났다. 오존층에 구멍이 뚫렸다고? 그럼 우리는 어떻게 되는 것일까?

1995년 노벨 화학상은 특이하게 수상자가 세 명이었다. 크루첸과 롤런드, 몰리나가 동시에 받았는데, 바로 이들이 '오존층의 구멍'을 주장한 사람들이다. 이들은 도대체 무엇을 근거로 이런 주장을 했을까?

평범한 직장인에서 화학자로

세계 최초로 오존층의 구멍을 주장한 파울 크루첸은 1933년 네덜란드의 암스테르담에서 태어났다. 크루첸은 어린 시절 가정 환경이 어려워서 제대로 교육을 받지 못했고, 자라서는 시의 교량 건설국에서 평범한 직장인으로 근무했다.

그러나 크루첸은 평범한 직장인으로 계속 남고 싶지는 않았다. 그의 꿈은 언제나 과학자가 되는 것이었다. 그에게 마침내 길이 열렸다. 스톡홀름 대학교의 기상학 연구소에 근무할 수 있는 기회를 얻은 것이다. 그는 이곳에서 근무하면서 대학의 강의를 들을 수 있었고, 열심히 공부한 끝에 1963년에는 정식으로 석사 학위를 받았다. 그리고 계속해서

박사 과정에 들어가 연구에 몰두하여 1968년에 기상학 박사가 되었다.

그가 박사 학위를 받을 때 썼던 논문의 주제가 바로 오존층이었다. 그는 오존에 대해 이렇게 이야기한다.

"성층권에 있는 오존(O_3)의 경우 안정된 산소(O_2)에 비해 매우 불안정한 물질입니다. 따라서 어떤 물질이 오존과 함께 있게 될 경우 오존 덩어리가 급격하게 감소하는 현상이 생길 수 있습니다. 이러한 오존의 파괴에 가장 큰 영향을 주는 물질은 질소 산화물입니다."

크루첸은 확신을 갖고 연구한 끝에 실제로 성층권 내에 질소 산화물(NO나 NO_2)이 존재할 때 오존의 양이 급격히 줄어든다는 사실을 확인했다. 그는 질소 산화물이 토양 미생물이나 질소 비료에서 방출되며 공중을 날아다니는 비행기에서도 배출된다는 것을 밝혔다. 그리고 이 질소 산화물이 오존층을 위협한다고 경고했다. 이때가 1970년경이다.

질소 산화물

질소와 산소의 화합물. 질소 산화물 중 일산화질소(NO)는 주로 자동차의 배기가스에서 발생하는 것으로 알려져 있다. 즉 자동차 엔진의 고온 고압 때문에 공기 중의 질소가 산화 반응을 하여 질소 산화물이 만들어진다.

오존층이 파괴된다

크루첸이 처음 질소 산화물이 오존층을 파괴한다고 주장했을 때 사람들은 별 관심이 없었다. 화학 전문가도 아닌 그가 오존층 파괴의 화학 반응에 대해 발표했기 때문이다. 더구나 세계적으로 유명한 MIT 공대의 성층권 연구 팀에서 크루첸의 주장에 반대하는 결론을 낸 것도 큰 영향을 끼쳤다.

그렇지만 크루첸은 자신의 주장을 굽히지 않았다. 어느 날 크루첸을 지지하는 사람이 한 명 나타났다. 그 사람은 당시 유명한 과학자였던 캘리포니아 대학 버클리 분교의 해럴드 존스턴 교수였다.

존스턴 교수는 여객기에서 방출되는 질소 산화물이 오존층 파괴에 큰 영향을 줄 수 있다는 내용의 논문을 발표했다. 갑자기 대기 과학계가 술렁거리기 시작했다. 이제 오존층 파괴는 과학계는 물론이고 과학자들 사이의 주요 논쟁거리로 떠올랐다.

오존층 파괴의 핵폭탄 발견

크루첸의 주장에 동조하는 사람이 또 나타났다. 어빙 대학에서 화학 반응을 연구하던 마리오 몰리나와 셔우드 롤런드는 대기로 방출되는 공해 물질도 오존층 파괴에 영향을 줄 것이라고 생각했다.

몰리나 교수가 주목한 물질은 냉장고의 냉매로 쓰이며 스프레이 등을 분사할 때에도 나오는 프레온 가스(CFCs)였다. 그의 연구 결과 프레온 가스는 안정적인 물질이라 대류권에서는 전혀 파괴되지 않은 채 오존층이 있는 성층권까지 올라가지만, 놀랍게도 프레온 가스에 결합되어 있는 염소 원자가 성층권의 자외선에 의해 분리되어 나와 오존층을 무차별적으로 파괴한다는 사실이 밝혀졌다. 염소 원자 한 개가 오존층을 두들기기 시작하면 약 10만 개의 오존 분자들이 파괴되어 버린다는 것이다. 이것은 거의 핵폭탄급의 피해였다.

몰리나와 롤런드는 매우 심각한 문제라고 생각하고 이 사실을 즉각 크루첸에게 알렸다. 크루첸도 오존층 파괴에 영향을 주는 공해 물질이

지구의 대기권

지구의 대기권은 지구를 둘러싸고 있는 대기의 범위를 말한다. 지상에서 약 1,000km까지를 이르며, 온도의 분포에 따라 밑에서부터 10km까지는 대류권, 11~50km는 성층권, 50~80km는 중간권, 80km 이상은 열권으로 구분된다. 오존층은 이 중 성층권에 존재한다.

프레온 가스

1928년 미국에서 냉장고의 냉매용 물질로 개발된 것으로, 한두 개의 탄소(C)에 염소(Cl)와 플루오르(F)가 결합된 화합물이다.

무엇인지 연구하던 중이었다. 이때부터 크루첸은 확실한 근거를 갖고 프레온 가스의 심각성과 오존층 파괴에 대해 역설했다.

미국 정부는 오존층 파괴의 심각성을 인정하고 대비책을 마련하기 위해 크루첸을 미국 해양 대기청에 근무하도록 했다.

이 문제는 단지 미국만의 문제가 아니라 전 세계적인 문제였다. 당장 시급한 과제는 프레온 가스의 사용을 금지하는 것이었다. 프레온 가스가 오존층을 파괴한다는 주장이 나와도 사람들은 '설마' 하고 생각했고, 일상생활에 꼭 필요한 필수품으로 여겼기 때문이다.

오존 구멍, 드디어 사진에 찍히다

1966년에 영국의 남극 탐사 팀이 처음으로 오존 구멍을 발견한 이후, 1985년에는 미국의 기상 위성 님부스 7호가 남극의 오존 상태를 컴퓨터 그래픽화하여 오존층에 구멍이 있다는 것을 확인했다. 전 세계는 공포에 휩싸였다. 남극의 오존 구멍은 크루첸의 주장이 현실로 다가왔음을 증명하는 것이었다.

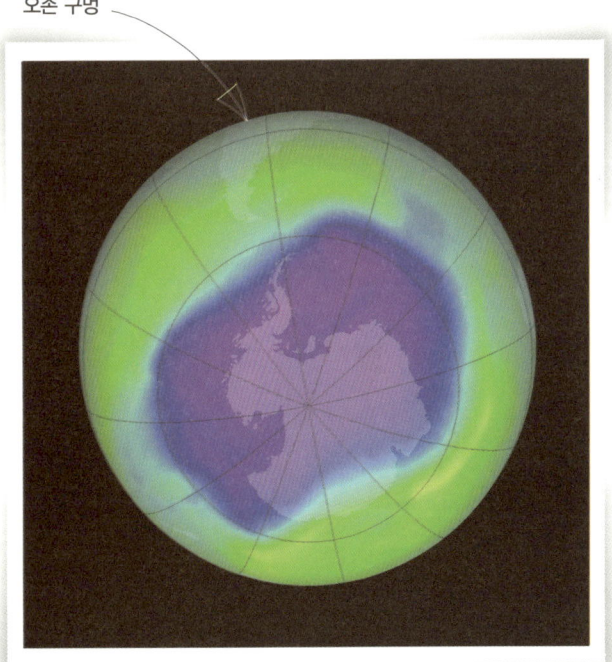

오존 구멍

이 일이 있은 후 크루첸, 롤런드, 몰리나는 남극 상공에 오존 구멍이 생기는 이유를 밝히기 위한 연구에 몰입했다.

사람들도 오존층이 파괴된 모습을 눈으로 직접 보자, 위기감을 느끼며 오존층 파괴에 대한 우려를 터뜨렸다. 그리고 곳곳에서 프레온 가스를 줄이자는 움직임이 일어나기 시작했다.

1987년, 유엔은 '몬트리올 의정서'를 채택했다. 유엔 회원국들이 모두 참석한 가운데 오존층 파괴에 관련된 물질, 특히 프레온 가스의 사용을 규제하는 내용에 모두가 동의했다.

그 후 몬트리올 의정서가 채택된 지 20주년을 맞은 2007년 9월 17일부터 21일까지 캐나다 몬트리올에서 열린 제19차 몬트리올 당사국 총회에서 당사국들은 오존과 기후 변화에 영향을 미치는 프레온 가스를 조기에 전부 폐기하기로 합의했다.

이에 따라 개발 도상국들은 2009년에서 2010년까지의 프레온 가스 평균 생산량 및 소비량을 기준으로, 2010년까지는 10%를 감축하고, 2020년까지 35%, 2025년까지 67.5%를 감축한 후 2030년에는 모두 폐기하기로 했다. 선진국은 2010년까지 75% 감축, 2015년까지 90% 감축한 후 2020년에 모두 폐기하기로 했다.

오존층 파괴는 몇몇 국가에서 주도한다고 막을 수 있는 문제가 아니다. 우리 모두가 생활 속에서 스스로 프레온 가스 사용을 줄일 때에만 오존층을 지킬 수 있을 것이다.

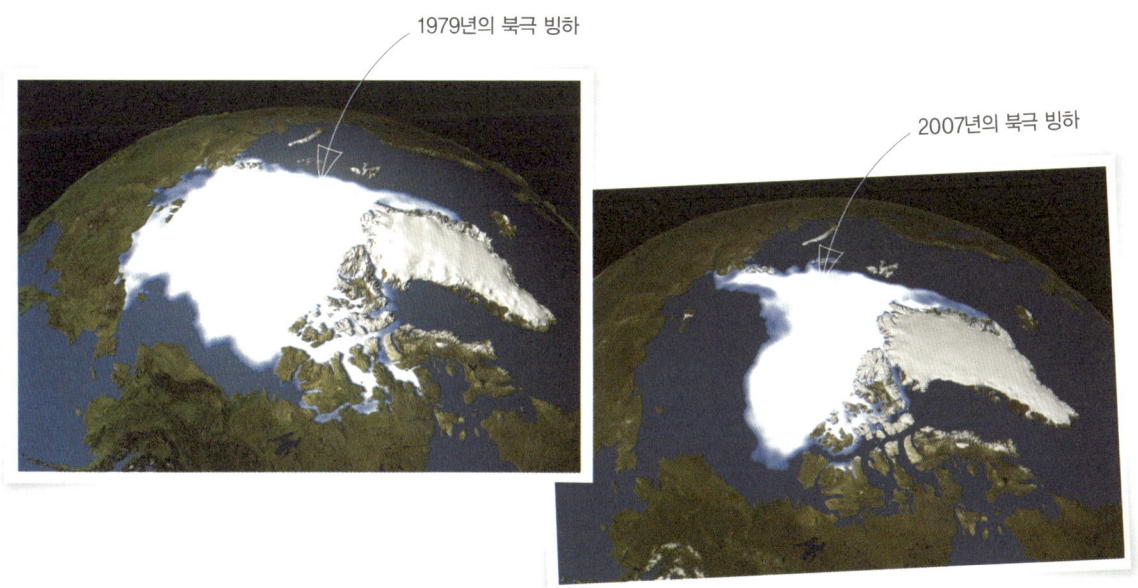

1979년의 북극 빙하

2007년의 북극 빙하

지구 온난화의 해법 찾기

과학자들이 오존층을 쟁점으로 부각시키던 20여 년 전만 하더라도 오존층과 지구 온난화는 별개의 문제로 취급했다. 하지만 오존층 구멍의 크기 축소와 지구 온난화의 주범인 이산화탄소의 방출량 축소 간에 깊은 관련이 있다는 사실이 새로 밝혀지면서, 그 해법들이 다양하게 논의되었다.

오존층 파괴에 대한 연구로 1995년 노벨상을 받은 크루첸은 2002년 우리나라를 방문했을 때, 지구 상에서 오존층 파괴로 인한 큰 피해가 아직 없는 것은 생태계가 어느 정도 방어를 하고 있기 때문이라고 말했다. 또 크기가 줄어들고 있는 남극의 오존 구멍도 일시적 현상일 뿐이며, 남극의 오존 구멍이 완전히 사라지려면 앞으로 최소 50여 년 이상이 걸릴 것이라고 주장했다.

지구 곳곳에서 일어나고 있는 기상 이변 현상을 보면 지구 온난화 때문에 일어나는 문제가 얼마나 심각한지 피부로 느낄 수 있다.

북극과 남극의 빙하가 녹아 해수면이 높아지면서 많은 섬이 가라앉고, 환경의 변화로 동식물들이 멸종 위기에 처해 있다는 보도가 들려온다.

과학자들은 지구 온난화 문제에 대처하기 위해 다양한 아이디어들을 내놓았다. 예를 들어, 바다에 인공적으로 철분을 증가시켜 이산화탄소를 흡수하는 식물을 키우고, 식물이 죽어 바다 밑에 가라앉으면 그 속에 포함된 이산화탄소와 함께 식물을 해저에 매장시키는 방법을 내놓았다. 그리고 지구에 양산을 씌우는 방법, 이산화탄소를 잡아먹는 플랑크톤을 키우는 방법, 인공 구름을 만드는 방법 등을 제시하고 있다.

그 밖에 바다 위에 소금 안개를 뿌린다든지, 햇빛을 우주 공간으로 되쏘아 보내기 위해 사막에 반사막을 설치한다든지, 바다에 흰 플라스틱 섬을 설치하자는 제안 등이 있고, 크루첸도 유황 가스를 성층권에 쏘아 올려 지구를 냉각시키는 방법을 제안했다.

하지만 이러한 제안을 실행하려면 막대한 비용이 들고 여러 가지 문제점이 있어 실현 가능성은 크지 않은 것으로 알려졌다.

지구 온난화로 인한 피해가 현실로 다가온 만큼, 이를 극복하기 위한 적극적이고 실제적인 방법이 필요하다.

개량형 천동설 12

중학교 3 과학
7. 태양계의 운동 / 행성의 운동
고등학교 지구과학 I
3. 신비한 우주 / 태양계 탐사

지동설의 시조

사실 지동설은 기원전 270년경 아리스타르코스가 처음 주장했다. 그는 우주의 중심은 태양으로, 태양 주위를 지구와 별, 행성들이 돌고 있다고 주장했다. 또한 지구는 하루에 한 번씩 자전을 한다고 했고, 오늘날의 계산과 딱 맞아떨어지지는 않지만 지구, 달, 태양의 상대적인 크기와 거리를 계산해 내기도 했다. 그러나 그의 주장은 당시 사람들의 인정을 받지 못했다.

절충안, 개량형 천동설

코페르니쿠스가 등장하기 전까지 우주관에 대한 정답은 천동설이었다. 그러나 코페르니쿠스의 지동설이 등장하고 나서도 오랫동안 힘을 얻지 못했다. 이때, 절충안을 내놓은 사람이 있었다. 그는 망원경도 없이 맨눈으로 별을 관측한 최고의 천문학자 티코 브라헤이다.

브라헤는 별을 관측하여 천동설이 잘못되었다는 사실을 알았지만, 지동설을 지지하지 않았다. 천동설이 맞다는 말도 하지 않았다. 결국 천동설도 지동설도 아닌 절충안을 내놓았다. 그가 내놓은 절충안은 도대체 어떤 것이며, 왜 그런 절충안을 내놓았을까?

천동설도 지동설도 아닌 것이

역사적으로 우주관을 대표하는 두 이론은 프톨레마이오스의 천동설과 코페르니쿠스의 지동설이다. 천동설은 2세기경에 프톨레마이오스가 주장한 지구 중심의 우주관, 즉 지구를 중심으로 행성들이 돌고 있다는 이론이고, 지동설은 16세기 중엽 코페르니쿠스가 주장한 태양 중심의 우주관으로 태양을 중심으로 행성들이 돌고 있다는 이론이다.

코페르니쿠스가 태양 중심의 우주관을 갖게 되었을 때는 중세 기독교 사상이 지배하던 시기였다. 모든 것의 중심은 지구라고 철석같이 믿고 있었기 때문에, 지구가 태양 주위를 돈다는 말은 꺼낼 수조차 없는 세상이었다. 코페르니쿠스까지도 자신이 옳다고 믿는 지동설을 큰소리로 주장하지 못했다.

이때 티코 브라헤가 슬그머니 새로운 우주관을 내놓았다. 그의 우주관을 '개량형 천동설'이라고 부른다.

"지구와 달을 제외한 태양계의 모든 행성은 태양을 중심으로 돕니다. 그리고 이 모든 태양계는 다시 지구를 중심으로 돌지요."

이것이 바로 티코 브라헤의 개량형 천동설이다.

브라헤는 누구인가

아마 여러분은 티코 브라헤는 잘 몰라도 케플러는 알고 있을 것이다. 티코 브라헤는 바로 케플러의 스승이다. 티코 브라헤는 1546년, 덴마크의 귀족 집안에서 쌍둥이 아들로 태어났다. 그러나 쌍둥이 동생은 태어날 때 죽었고, 그는 큰아버지의 손에서 자랐다.

청년 시절 브라헤는 인생을 바꿔 놓는 사건을 경험한다. 그것은 바로 일식 현상이었다. 그는 일식에서 아주 강렬한 인상을 받고 천문학을 연구하기로 마음먹는다.

브라헤의 천체 관측 수준은 매우 높았다. 특히 남보다 시력이 몇 배나 좋아서 망원경 없이도 밤하늘의 별을 정확히 관측할 수 있었다.

1572년 11월 11일, 브라헤는 밤하늘의 별을 관찰하다 놀라운 것을 발견한다. 바로 '신성'을 발견한 것이다.

그는 카시오페이아자리를 보고 있었는데, 거기에서 밝게 빛나는 새로운 별이 나타난 것이다. 그는 매우 흥분했고, 자신의 이름을 따서 그 별의 이름을 '티코 신성'이라고 지었다.

브라헤는 이 별의 위치가 당시 우주에서 가장 멀리 있다고 알려진 토성보다도 더 멀리 있다고 생각했다. 그런데 이 별은 점점 밝기가 어두워지다가 1574년에 사라져 버렸다. 이 별은 새로 생긴 별이 아니라 폭발 과정에 일시적으로 밝아진 별이었다.

어쨌든 티코 브라헤는 이 사건으로 갑자기 유명해졌다. 특히 당시 덴마크 국왕이 브라헤의 열렬한 팬이 되었다. 1576년, 덴마크 왕은 섬 하나를 통째로 브라헤에게 선사하고, 엄청난 돈을 투자하여 최고의 천체 관측소까지 지어 주었다.

과학자 노트

케플러
(Johannes Kepler, 1571~1630)
독일의 천문학자이자 점성학자. 브라헤의 방대한 관측 자료는 고스란히 그의 제자인 케플러에게 넘겨져 케플러가 행성 운동의 세 가지 법칙을 발견하는 데 결정적인 역할을 한다. 케플러는 이 원리를 이용해 태양계의 타원 궤도를 최초로 발견하여 태양계의 모습을 정확하게 예견했다.

신성

희미하던 별이 폭발 따위에 의해 갑자기 밝아졌다가 다시 서서히 희미해지는 별. 마치 새로 별이 탄생한 것처럼 보이므로 신성이라 불린다.

초신성 가스 구름

절충안을 내놓은 이유

당대 최고의 천체 관측소에서 당대 최고의 시력과 관측 실력을 가진 브라헤는 마음껏 별을 관측했다. 다른 일에는 전혀 관심이 없었고 오로지 천체 관측에만 모든 정열을 쏟아 부었다.

밤낮없이 별을 관측한 브라헤는 그때까지 알려진 것 가운데 잘못된 것이 많다는 사실을 발견했다. 당시 사람들은 혜성이 달과 지구 사이에서 움직인다고 생각했는데, 브라헤는 혜성이 달보다 훨씬 먼 우주에서 움직인다는 사실을 알아냈다. 또한 혜성의 운동 궤도가 원이 아니라 타원이라는 사실도 발견했다. 이것은 현대 천문학에서 볼 때도 입이 딱 벌어질 만큼 대단한 업적이다. 오로지 맨눈으로 관측했다는 사실이 도저히 믿기지 않을 정도이다. 그는 이외에도 많은 관측 기록을 남겼는데, 하나같이 혀를 내두를 만큼 정확했다.

그런데 우주의 별들을 누구보다 정확하게 꿰뚫고 있던 브라헤가 왜 지동설을 지지하지 않았을까? 왜 굳이 개량형 천동설을 만들었을까? 이것은 지금도 풀리지 않은 수수께끼이다.

어떤 비평가들은 브라헤가 당시 사회적 분위기 때문에 그랬다고 말하기도 하고, 어떤 이들은 그를 단순히 과도기적 인물로 표현하기도 한다. 그러나 그의 성격을 볼 때 이 두 가지는 그다지 설득력이 없는 것 같다.

정확한 이유는 알 수 없지만 몇 가지는 추측할 수 있다. 일단, 그가 절충안을 내놓은 이유는 코페르니쿠스의 지동설에 문제가 있다고 보았기 때문이다. 실제로 코페르니쿠스의 지동설은 큰 틀에서는 맞으나 세부적으로 볼 때 여러 가지 문제가 있었다. 브라헤는 실제 관측 자료를 가지고 있었기 때문에 이런 문제점을 용납할 수 없었다.

큰 틀에 대한 문제, 즉 지구가 태양 주위를 공전한다는 문제에 대해서도 브라헤는 심각하게 고민하며 연주 시차를 통해 증명하려고 했다. 그러나 당시의 기술로는 도저히 증명할 수가 없어 결국 지동설을 인정하지 않은 것으로 보인다. 그래서 자신의 관측을 바탕으로 자신만의 우주관을 발표했던 것 같다.

연주 시차

지구가 태양을 1년에 한 바퀴씩 돌기 때문에 밤하늘의 별의 위치가 달라지는데, 이것을 연주 시차라고 한다. 만약 브라헤가 이 연주 시차를 측정했다면 그는 당연히 지동설을 지지했을 것이다.

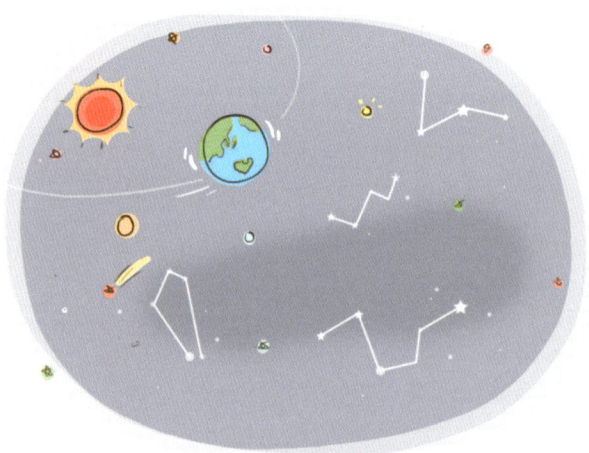

괴팍하고 특이한 삶을 산 티코 브라헤

티코 브라헤는 성격이 괴팍한 것으로 유명하다. 분수를 모르는 아랫사람들을 호되게 다루는 것으로 악명이 높았고, 툭하면 다른 사람들과 싸우는 일이 많았다. 자존심이 센 그는 자신이 푼 수학 문제의 답이 틀렸다고 주장한 귀족에게 결투를 신청했다. 이 결투에서 결국 코를 베이고 평생 가짜 코를 달고 살았을 정도였다. 티코 브라헤의 초상화를 자세히 보면 그 사실을 확인할 수 있다.

그의 성격이 이렇게 괴팍해진 데에는 불행하고 복잡한 가정사가 영향을 끼쳤다.

당시 브라헤의 큰아버지는 부유하지만 아이가 없었다. 장남이었던 큰아버지는 가문의 대를 이어야 한다는 생각이 간절했고, 마침내 동생인 브라헤의 아버지에게 아이를 양자로 달라고 부탁했다. 그러나 그의 부모는 찬성하지 않았고, 결국 큰아버지는 부모가 없는 틈을 타서 어린 브라헤를 유괴했던 것이다.

큰아버지에게 유괴당한 그는 친부모의 집에서 50마일 떨어진 곳에서 외아들로 자랐고, 결국 오만하고 완고한 성격을 갖게 되었다.

티코 브라헤는 죽음에 대한 일화도 매우 독특하다.

그는 어느 날 상류 사회의 만찬에 참석하여 즐거운 시간을 보냈다. 귀한 음식을 많이 먹고 맛있는 음료도 많이 마셨더니 오줌이 마려웠다. 그러나 브라헤는 곧장 화장실로 달려가지 않았다. 귀족의 체면을 지켜야 한다며 끝까지 참았다.

  마차를 타고 집에 돌아오는 길에도 진땀을 흘리면서도 끝까지 오줌을 참았다. 결국 브라헤는 이 일 때문에 오줌 독이 올라, 쉰다섯 살에 세상을 떠나고 말았다. 또 다른 일화에 의하면 연금술 연구에 따른 수은 중독이 죽음의 원인이었다는 설도 있다.

천왕성과 해왕성의 발견 13

고등학교 지구과학 I
3. 신비한 우주 / 태양계 탐사

천왕성

천왕성은 지구보다 네 배 정도 크고 태양계에서 세 번째로 큰 행성이다. 천왕성의 질량은 지구의 14.5배이며, 천왕성의 1년은 지구의 84.01년에 해당한다.

다섯 개만 행성일까

18세기까지 인류는 다섯 개의 별만이 태양계의 행성이라고 믿었다. 다섯 개의 행성은 우리의 달력에 매일 등장하는 화성, 수성, 목성, 금성, 토성이다. 사람들은 이 다섯 개 외에 다른 행성이 있을 것이라고는 생각조차 못했다.

그런데 1781년에 윌리엄 허셜이라는 사람이 자신이 만든 망원경으로 천왕성을 발견했다. 이것은 지구가 평평하지 않고 둥글다는 사실을 발견한 것만큼이나 충격적인 사건이었다.

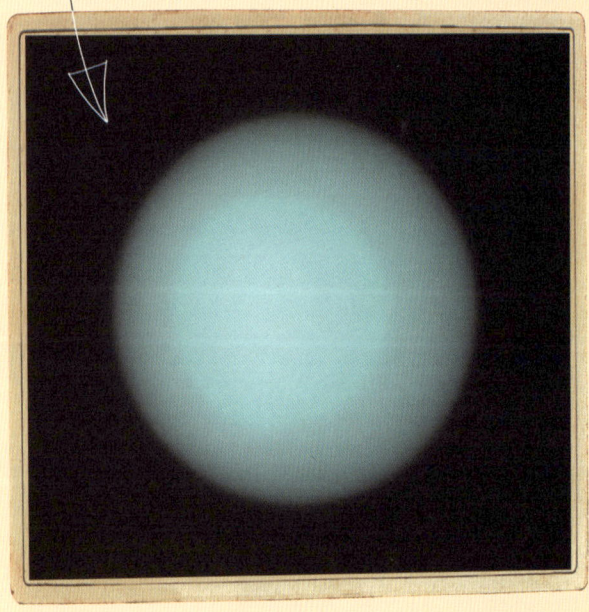

혜성이 아니라 새로운 행성이야

윌리엄 허셜은 1738년 독일 왕실 악사의 아들로 태어났다. 허셜은 프랑스와 영국 간의 7년 전쟁 때 영국으로 피신했는데, 이때부터 천문 관련 책을 탐독하며 별을 관찰하는 일에 열중했다.

당시에도 천체를 관측할 때 망원경을 사용했다. 그러나 허셜은 망원경의 성능에 만족하지 못하고, 자신이 직접 새로운 망원경을 만들겠다고 마음먹었다.

그러나 망원경을 만드는 것은 간단한 일이 아니었다. 특히 정밀한 렌즈를 제작하는 일이 어려웠다. 그 시대에는 빛의 굴절을 이용하는 굴절 망원경을 주로 사용했는데, 그는 과감하게 빛의 반사를 이용하는 반사 망원경을 만들었다. 이 망원경은 굴절 망원경보다 렌즈를 더 크게 할 수 있어 훨씬 먼 거리까지 볼 수 있는 장점이 있다.

당시 모든 천문학자를 통틀어 반사 망원경을 가진 사람은 허셜이 유일했다. 그는 성능 좋은 최신 망원경으로 별을 마음껏 관측했다.

1781년 3월 13일, 허셜은 쌍둥이자리를 관찰하다가 우연히 새로운 행성을 발견했다. 이 행성은 전에도 천문학자들이 여러 번 관찰했던 별이지만 모두가 무심코 지나쳤던 별이었다.

허셜도 처음에는 혜성인 줄 알고 그냥 지나치려고 하다가 혹시나 해서 여섯 달 동안 계속 관찰했다. 그런데 이 별이 혜성보다 느리게 움직이는 것이 아닌가! 분명 혜성이 아니라 새로운 행성이었다.

허셜도 고대부터 사람들이 굳게 믿었던 다섯 개의 행성 외에 다른 행성이 있으리라고는 상상도 못했다. 하지만 자신의 눈으로 직접 새로운 행성을 발견하고 나니 더 이상 그 존재를 부정할 수 없었다.

이 새로운 행성이 바로 천왕성이다. 허셜은 천왕성에 그리스의 신 우라노스의 이름을 따서 '우라누스' 라는 이름을 붙였다.

허셜은 그 후에도 자신이 만든 반사 망원경으로 태양계 바깥의 성운과 성단 2,500여 개와 이중성 850여 개 등을 발견했다.

이중성

육안으로 볼 때는 한 개로 보이지만 망원경을 통해서 보면 두 별이 붙어 있는 것을 말한다.

해왕성

해왕성은 태양에서 30.06AU(태양에서 지구까지의 거리가 1AU) 떨어진 행성이다. 질량은 지구 질량의 17.2배이고 크기는 태양계에서 네 번째로 크다. 해왕성의 1년은 지구의 164.79년에 해당한다. 해왕성의 이름은 그리스 신화에서 삼지창을 손에 쥔 바다의 신 포세이돈의 이름을 따서 '넵튠' 이라고 지었다.

해왕성의 발견

허셜이 천왕성을 발견한 후 몇몇 천문학자들이 천왕성을 유심히 관찰했다. 그러다 조금 이상한 점을 발견했다. 천왕성이 움직이는 궤도가 천문학자들의 예상과 달랐던 것이다. 이것은 분명 주변에 다른 행성이 있어 중력에 영향을 미치기 때문이었다.

이제 모든 천문학자들은 이 행성을 찾기 위해 혈안이 되었다. 전해 오는 이야기에 따르면, 영국의 수학자 존 카우치 애덤스가 맨 처음 해왕성의 정확한 위치를 수학적으로 계산해 냈다고 한다. 그러나 애덤스는 당시 영국 최고의 천문학자 조지 에어리의 도움을 받지

못해 해왕성을 실제로 관측하지는 못했다.

한편, 몇 달 후에 프랑스에서도 과학자 르베리에가 해왕성의 위치를 계산하여 애덤스와 똑같은 결과를 얻었다. 그는 이 자료를 가지고 독일 베를린 천문대의 갈레에게 관측을 요청했다. 갈레는 르베리에가 말한 장소에서 1846년 9월 23일 밤에 드디어 해왕성을 발견했다. 영국의 애덤스보다 프랑스의 르베리에가 먼저 발견한 것이다.

그러나 이 영광을 프랑스에게 순순히 넘겨 줄 영국이 아니었다. 뒤늦게 자신들이 먼저 해왕성의 위치를 발견했다고 발표하는 바람에 두 국가 사이에는 치열한 다툼이 벌어졌다.

결국 다툼을 수습하는 차원에서 해왕성은 애덤스와 르베리에 두 사람이 공동으로 발견한 것으로 결론이 났지만, 아직까지도 미심쩍은 부분이 남아 있다.

명왕성의 발견

명왕성은 2006년 국제 천문 연맹의 결정으로 행성의 지위가 박탈되기는 했지만, 70년 이상 행성에 속해 있었다.

명왕성 역시 발견되기 전부터 해왕성처럼 존재가 이미 예견된 상태였다. 명왕성을 누가 먼저 발견하느냐 하는 문제만 남았던 셈이다. 그러나 명왕성은 좀처럼 발견되지 않았다.

미국의 로웰은 명왕성 찾기에 일생을 걸었다. 그는 개인 천문대인 로웰 천문대를 만들고 이 천문대에서 명왕성을 관측하려고 노력했다.

그러나 안타깝게도 로웰은 명왕성을 발견하는 영광을 누리지 못한 채 세상을 떠났다. 대신 로웰의 제자인 톰보가 스승의 뒤를 이어 명왕성을 찾기 위해 매일 밤하늘을 관측했다.

1930년, 톰보는 밤하늘을 관측하다가 실수로 망원경의 방향을 약간 틀었다. 그런데 그곳에 바로 명왕성이 있는 것이 아닌가! 실수가 오히

과학자 노트

로웰

(Percival Lowell, 1855~1916)
미국의 천문학자. 1894년 애리조나 주에 로웰 천문대를 건설했다. 혹성, 특히 화성 표면의 관측에 온 힘을 쏟았으며 화성인이 존재한다고 주장했다. 해왕성 외에 알려지지 않은 행성이 있을 것으로 예상하고 궤도를 계산하여 명왕성 발견의 실마리를 만들었다.

▶ 명왕성과 명왕성의 위성 카론

려 행운이 되어 톰보는 최초로 명왕성을 발견했다.

톰보가 명왕성을 발견한 것은 미국에 큰 영광이었다. 미국에서는 첫 번째로 행성을 발견한 것이기 때문이다. 그러나 이 영광은 오래가지 못했다. 명왕성은 다른 태양계 행성과 달리 태양을 도는 공전 궤도가 불규칙하고 지름이 약 2,200km로 지구의 위성인 달보다도 크기가 작다. 이 때문에 천문학계 일부에서는 명왕성이 행성이 아니라 소행성일 뿐이라는 주장이 제기되었다.

그리고 명왕성 주변에서는 명왕성보다 더 크거나 비슷한 크기의 작은 천체들이 많이 발견되었는데, 이것들을 모두 행성으로 인정한다면 행성 수를 늘려야 하는 상황이었다.

그래서 국제 천문 연맹에서는 2006년 8월에 기존 행성의 정의에 한 가지를 추가했다. 기존에는 '지름이 800km 이상이고, 태양을 공전하며, 대략 지구의 1만 2000분의 1 정도의 질량을 갖고, 중력이 있어 둥근 형태를 갖춘 천체'를 행성으로 인정했는데 이제는 '주변 궤도에서 지배적인 위치를 차지하는 천체'라는 조항이 더해졌다.

결국 명왕성은 궤도가 일부 겹치는 해왕성보다 작으면서, 자신의 위성인 카론과 크기가 비슷하고 주변 궤도에서 자신만의 영역을 갖는다고 보기 어렵기 때문에 태양계의 행성에서 퇴출당했다.

소행성과 혜성

　소행성은 행성에 비해 매우 크기가 작은 행성을 말한다. 이렇게 크기가 작은 소행성은 어떻게 발견되었을까?

　1781년 천왕성이 발견될 당시 천문학자들 사이에서는 화성과 목성 사이에 또 다른 행성이 존재할 것이라는 믿음이 있었다. 이 새로운 행성을 발견하려는 노력 덕분에 1890년까지 무려 300개가 넘는 작은 천체들이 발견되었다. 그러나 이 천체들은 크기가 너무 작아 행성이라 부를 수 없어 소행성이라 불렀고, 이들이 몰려 있는 지역을 소행성대라고 했다. 이렇게 발견된 소행성 중 가장 큰 것은 지름이 913km인 세레스이고, 그 다음이 지름 523km의 팔라스이다. 과거 공룡이 멸종한 원인으로 소행성과 지구의 충돌설을 드는데, 소행성이 지구로 날아와 충돌함으로써 공룡들이 멸종했다는 가설이다.

　한편, 태양계의 또 다른 천체인 혜성은 어떤 것일까? 우리는 '혜성' 하면 꼬리를 달고 날아가는 핼리 혜성을 생각한다. 그러나 혜성이 항상 꼬리를 달고 움직이는 것은 아니다. 혜성은 핵과 구름 모양의 코마와 꼬리로 구성되어 있다. 이러한 혜성이 태양으로부터 멀리 떨어져 있을 때에는 핵만으로 존재하다가 매우 긴 타원 궤도를 그리며 태양 가까이 접근하면 태양의 열 때문에 구름 모양의 코마가 생긴다. 이 코마가 태양풍에 날리면서 가스 덩어리인 긴 꼬리가 생기는데, 이렇게 생긴 혜성의 꼬리는 두 가닥이다.

티티우스 – 보데 법칙으로 행성 찾기

1772년, 독일의 수학자 티티우스와 보데는 태양과 행성 간의 거리에 관한 계산을 하다가 일정한 규칙을 발견하고 새로운 공식을 만들었다. 이 공식은 티티우스 – 보데 법칙이라고 하는데, 이 공식을 이용하면 행성들의 정확한 위치를 예측할 수 있었다.

티티우스 – 보데 법칙에 따르면 태양에서 2.8AU 떨어진 지점에 새로운 행성이 있었다. 이 위치는 화성과 목성 사이에 해당하는 곳이다. 그러나 계산 상으로는 정확히 그 지점에 행성이 있어야 하는데 실제로 밤하늘을 관측하면 아무런 행성도 발견되지 않았다.

천문학자들은 이 미지의 행성 찾기에 혈안이 되었다. 태양계에서 새로운 행성을 발견하는 것은 당시 천문학자들에게는 최고의 영예였기 때문에, 앞다투어 새로운 행성을 찾기 위해 노력했다.

1801년 1월 1일 밤, 드디어 미지의 행성을 발견했다. 주인공은 이탈리아의 천문학자 피아치였다. 그가 발견한 이 행성은 티티우스 – 보데가 예상한 거리(2.8AU)와 거의 일치하는 곳에 있었다. 피아치는 새로 발견한 행성에 로마 여신의 이름을 따서 '세레스(Ceres)'라는 이름을 붙였다.

그러나 세레스의 크기는 지름이 1,000km도 되지 않을 정도로 작아서 행성이라고 부를 만한 수준이 아니었다. 그래서 행성보다 작은 행성이라고 하여 소행성이라는 이름을 붙였다.

 그 후 연이어 같은 위치에서 수많은 소행성이 발견되었다. 티티우스-보데가 만든 이 수학 공식이 태양계라는 거대한 우주에 적용되는 것을 보면, 이들은 정말 대단한 인물이다.

은하의 발견 14

고등학교 지구과학 II
4. 천체와 우주 / 팽창하는 우주

우리 은하

태양계가 속해 있는 은하로, 우리가 속해 있는 곳이기 때문에 단순히 '은하' 또는 '은하계'라고도 불린다. 우리 은하는 우주를 이루고 있는 수천 억 개의 은하들 중 하나이며, 10억 개 이상의 별들과 비교적 많은 양의 성간 가스 및 티끌로 되어 있다.

성단

성단은 일정한 모양을 갖추지 않고 성글게 모여 있는 산개 성단과 공 모양으로 뭉쳐 있는 구상 성단으로 분류할 수 있다.

메시에 목록

1788년에 프랑스의 천문학자 메시에가 만든 성단과 성운의 목록. 이 목록에는 103개의 성단과 성운이 실려 있고, 모든 성단과 성운에는 M1에서 M103까지 M(메시에) 번호가 붙어 있다.

우주의 비밀

우주에는 수많은 은하들이 있다. 수많은 은하 중 하나에 불과한 우리 은하만 해도 약 1,500억 개의 별들로 구성되어 있는데, 이렇게 많은 별들 중에 지구같이 생명체가 사는 행성을 가진 별이 하나쯤은 더 있을 수 있다는 생각이 들기도 한다.

그런데 사람들은 태양계 바깥에 이렇게 수많은 은하가 있다는 사실을 어떻게 알았을까? 우주 어딘가에 생명체가 사는 행성이 있다는 상상도 우리 은하 외에 수많은 은하가 있다는 것을 알기 때문에 가능하지 않을까?

아무리 망원경의 성능이 좋다고 해도 아주 멀리 떨어져 있는 수많은 별들의 존재를 알아내기는 어려울 것이다. 천문학자들은 어떻게 우주의 비밀을 알아냈을까?

성단, 은하, 별의 이름

은하 발견의 역사를 이야기하기 전에 먼저 은하가 무엇인지 정확한 개념부터 짚고 넘어가야 한다. 먼저, 성단이란 별이 모여 있는 집단을 말한다. 은하 역시 별이 모여 있는 집단을 의미하므로 헷갈릴 수도 있는데, 성단은 은하보다 작은 개념이다. 즉 별이 모여서 성단을 이루고 성단 및 성운과 주변의 별들이 모여서 은하를 이룬다.

이러한 은하는 그 형태에 따라 타원 은하, 나선 은하, 불규칙 은하 등으로 나뉜다. 이 중 나선 은하(약 77%)와 타원 은하(약 20%)가 대부분을 차지한다.

별의 이름도 복잡한 것이 많다. 별의 이름은 그 별을 발견한 사람이 붙이는 경우가 많으나, 규칙에 따라 이름을 짓는 경우도 있다. 규칙에 따라 짓는 경우에는 메시에라는 사람이 만든 '메시에 목록'과 드라이어라는 사람이 만든 'NGC 목록'에 따라 이름을 붙인다.

나선 은하

타원 은하

예를 들어 안드로메다은하에서 발견된 M31이란 별은 메시에 목록에 31번째로 추가된 별이라 M31이라고 부르며, 이 별의 NGC 목록에 따른 이름은 NGC 224이다.

은하 관측의 역사

우주에는 별, 성운, 성단, 은하 등이 있다. 이들의 정확한 실체는 20세기 초까지도 알려지지 않았는데, 현대에 들어와 인공 위성이나 우주선의 발달 덕분에 비로소 조금씩 밝혀지고 있다.

맨눈으로 천체를 관측한 티코 브라헤 이후 천체 관측의 역사는 급속도로 발전했다. 밤하늘 이곳저곳에서 천체 관측자들이 새로운 별들을 관측했고 이름을 붙였다.

안드로메다은하

954년 페르시아의 알 수피는 안드로메다은하에 대해 최초로 언급했는데, 이때 그는 안드로메다은하를 안드로메다자리에 있는 작은 구름이라고 표현했다. 후에 분광기의 개발로 성운과 성단을 구별할 수 있게 된다.

1749년, 프랑스의 천문학자 르장티는 천체 망원경으로 안드로메다은하를 관측하다가 이 은하의 위성 은하인 M32를 발견했고, 1773년에는 메시에가 이 은하의 다른 위성 은하인 M110을 발견했다.

18세기에는 안드로메다은하 근처에서 수많은 새로운 별들이 발견되었다. 18세기 후반에 윌리엄 허셜의 반사 망원경이 발명되면서 천체 관측은 다시 한 번 부흥기를 맞았다.

그러나 이 시기에 수많은 은하가 발견되었지만, 이때까지도 과학자들은 은하와 성운의 차이를 구분하지 못한 채 조금은 막연한 개념으로 우주를 관찰했다.

19세기에도 새로운 발견이 계속 이어졌는데, 1880년에는 안드로메다은하에서 나선 팔이 관측되었으며, 1885년에 역시 안드로메다은하에서 초신성 폭발이 최초로 관측되었다.

우주에 대한 지식이 넓어지고, 새로운 발견을 많이 했지만 이때까지도 외계 은하의 존재에 대해서는 학자들 사이에서 의견이 분분했다. 어떤 학자는 외계 은하가 있다고 하고, 어떤 학자는 확실한 증거가 없다고 하여 논쟁이 끊이지 않았다.

안드로메다은하

최초의 외부 은하 발견

외부 은하에 대한 논란을 끝낸 사람은 에드윈 파웰 허블이다.

허블은 1889년 11월 20일, 미국의 미주리 주 마시필드에서 태어났다. 그는 대학 시절 수학과 천문학을 전공했지만 다방면에 재능이 있어서 권투 선수, 법률가 등 다양한 일을 했다. 하지만 나중에는 자신이 할 일은 우주를 관측하는 것이라고 생각하고 윌슨 산 천문대에서 일했다.

당시 윌슨 산 천문대에는 렌즈의 지름이 세계에서 가장 큰 천체 망원경이 있었다. 허블은 이 망원경으로 천체 사진을 마음껏 찍을 수 있었다. 망원경을 통해 보는 우주의 모습은 매우 신비로워서 허블은 밤하늘에서 눈을 뗄 수가 없었다.

당시 천문학자들의 최대 관심은 '과연 외부 은하라는 것이 존재하는가?'였다. 그때까지 외부 은하의 존재가 밝혀지지 않았기 때문이다.

1923년 어느 날, 허블은 안드로메다은하를 관찰하다가 천문학에 획을 그을 만한 역사적인 발견을 한다. 그는 세페이드 변광성을 발견했는데, 이 변광성은 예전에 나온 안드로메다은하까지의 거리 계산이 잘못되었다는 사실을 알려 주는 중요한 단서였다.

허블은 떨리는 손으로 안드로메다은하까지의 거리를 계산해 나갔고, 놀랍게도 안드로메다은하는 우리 은하와는 아주 멀리 떨어져 있는 외부 은하임이 밝혀졌다. 천문학계에서 오랫동안 풀리지 않던 모든 의문이 한꺼번에 풀리는 순간이었다.

현재 밝혀진 안드로메다은하까지의 거리는 220만 광년이다. 우리 은하의 지름이 10만 광년 정도이니 얼마나 멀리 떨어져 있는지 알 수 있다. 허블의 발견으로 천문학자들의 관심은 우주에 존재하는 외부 은하로 모두 집중되었고 그때부터 수많은 외부 은하가 발견되었다.

변광성
빛의 세기나 밝기가 시간에 따라서 변하는 항성.

안드로메다은하는 우리 은하에서 220만 광년이나 떨어져 있어!

광년

천문학에서 사용하는 거리의 단위이다. 빛의 속도로 1년 동안 진행할 수 있는 최대 거리이며, 약 9.46×10^{12} km이다.

우리 은하의 변천사

천문학자들은 지구와 태양이 속해 있는 우리 은하의 모습을 어떻게 알아냈을까?

18세기 미국의 천문학자 윌리엄 허셜은 자신이 만든 반사 망원경으로 우주를 관측한 결과, 태양계가 속해 있는 '우리 은하'의 존재를 예언하고 그 모습을 그려 보았다. 그가 생각한 우리 은하의 모습은 지금 밝혀진 나선 은하의 모습과 약간의 차이는 있지만, 전체적인 모습은 거의 비슷하다. 그러나 가장 큰 오류는 태양이 우리 은하의 중심에 있다고 생각한 점이다.

20세기에 들어서서도 정확한 우리 은하의 모습은 밝혀지지 않았다. 네덜란드의 천문학자 캅테인은 하늘을 수백 개의 구역으로 나누고 각각의 구역에 있는 별의 수를 세는 방법으로 우리 은하의 모습을 그렸는데, 그가 그린 은하는 타원 모양에 역시 태양이 중심에 위치한 모습이었다.

이후 미국의 천문학자 섀플리는 구상 성단을 조사하는 방법으로 우리 은하의 모습을 그렸다. 그는 앞의 학자들과는 달리 태양이 은하의 중심으로부터 약 3만 광년 떨어진 나선 팔에 위치한다고 했는데, 그가 그린 우리 은하의 모습은 오늘날 알고 있는 우리 은하의 모습과 거의 같다.

우리 은하는 성운과 성단으로 이루어졌으며, 지름은 약 10만 광년이다.

▶ 우리 은하의 모습

안드로메다은하와 우리 은하의 충돌

안드로메다은하는 안드로메다자리에 위치한 은하로 태양계가 속한 우리 은하 바로 옆에 있고, 우리 은하보다 약간 크며, 우리 은하와 같은 나선형은하이다. 그런데 최근 은하끼리 충돌하는 모습이 자주 관측되고 있어, 혹시 서로 이웃해 있는 우리 은하와 안드로메다은하도 충돌하는 것 아닌가 하는 추측을 낳고 있다.

실제 우리 은하에서 안드로메다은하까지의 거리는 우리 은하 지름의 20배 정도이다. '그 정도면 충돌할 염려는 없지 않겠는가'라고 생각할 수 있지만 실상은 그렇지 않다. 이것은, 다른 은하와 은하 사이의 거리에 비례해서 봤을 때 아주 가까운 거리이기 때문이다.

실제 허블 우주 망원경을 통해 은하끼리의 충돌 현상이 관측되었다. 은하끼리 충돌할 때 은하 속의 별들도 서로 충돌하지 않을까 하는 우려가 있을 것이다. 그러나 실제 은하 내에서 별과 별 사이의 거리는 매우 멀리 떨어져 있기 때문에 이런 일은 거의 일어나지 않는다고 한다. 따라서 우리 은하와 안드로메다은하가 충돌하더라도 별과 별끼리 충돌하는 일은 일어나지 않을 것이다.

과학자들은 은하끼리의 충돌 현상이 은하의 진화 과정이라고 보고 있다. 따라서 언젠가는 우리 은하와 안드로메다은하가 충돌할 것이라고 생각한다.

또 하나의 지구, 슈퍼 지구

2007년 천문학계 최대의 발견은 아마 '슈퍼 지구'일 것이다. 그냥 이름만 듣고서는 '아니, 지구면 지구지 웬 슈퍼 지구?'라고 생각하는 사람이 많을 것이다. 여기서 말하는 슈퍼 지구란 태양계 밖에서 발견된 '지구와 가장 닮은 행성의 이름'이다.

2007년 4월 15일, 전 세계에서 이 슈퍼 지구의 발견이 대단한 화제가 되었다. 그동안 대우주에는 지구와 환경이 비슷한 천체가 분명히 존재할 것이라는 믿음은 있었지만, 누구도 이런 천체를 발견하지 못했다.

그런데 유럽 남부 천문대(ESO) 연구 팀이 칠레 아타카마 사막에 있는 라시야 천문대에서 드디어 지구와 거의 비슷한 환경의 천체를 발견했다.

그들이 발표한 내용에 의하면, 이 천체는 태양보다 질량이 작은 적색 왜성인 글리제581 주위를 13일 주기로 돌고 있다고 한다. 특히 이 행성은 평균 기온이 0~40℃로 지구와 거의 비슷하며, 행성 전체가 암석과 바다로 덮여 있을 것으로 예상되어 지구와 마찬가지로 물이 존재하는 행성일 수도 있다고 추측했다. 또한 지구에서 이 행성까지의 거리는 불과 20만 광년이며, 이 행성의 이름은 '581c'로 붙였다고 발표했다.

이 내용이 모두 사실로 밝혀진다면 이것은 아주 획기적인 발견이다. 인류가 그토록 궁금해 하며 찾던 외계인을 발견할 수도 있기 때문이다.

　그러나 아직 정확한 사실을 알 수 없다. 일단 이 행성이 자전을 하지 않는다는 것이 문제이다. 자전을 하지 않을 경우 지구의 환경과 아주 많이 다르기 때문에 생명체가 살아가기 힘들 수도 있다. 그리고 설사 생명체가 살고 있다 하더라도 지금 인류의 기술로는 20만 광년이나 떨어진 그곳에 갈 수 없다.

　과학 기술이 발달해서 슈퍼 지구에 대한 베일이 벗겨질 때까지 외계인의 존재는 여전히 확인할 수 없는 미지의 숙제이다.

찾아보기

ㄱ

갈릴레이 79
개량형 천동설 126
격변설 29
고생물 26
고생물학 31
고유 수평성의 원리 38
고지자기설 72
그린란드 60
극세포 102
기단 111
기상학 56, 90
기요 69
기조력 59

ㄷ

대기압 78
대동여지도 49
대류 70
대류권 계면 99
대륙 이동설 56
대양저 산맥 66
디에즈 71

ㄹ
라이엘 18
로웰 137

ㅁ
매머드 27
맨틀 39
메시에 목록 144
명왕성 137
모호로비치치 불연속면 40

ㅂ
방사능 연대 측정법 16
변광성 147
베게너 56
보퍼트 91
브라헤 126
브란데스 108
비교 해부학 29
비중 80

ㅅ

설석 38
성단 144
소행성 139
스모그 현상 90
신성 127

ㅇ
아그리콜라 36
안드로메다은하 146
연주 시차 129
열곡 70
열섬 현상 90
오존 구멍 120
오존층 116
우라늄 20
우리 은하 144
유체 역학 111
윌리엄 스미스 46
이중성 135
일기도 108

ㅈ
적도 무풍대 103

전선 111
지각 36
지구 온난화 122
지진파 39
지질도 46
지질학 19
지층 누중의 법칙 38, 41
지형 48
진공 78, 83
질소 산화물 117

ㅊ
챌린저호 탐사 66
천왕성 134
측면 연속성의 원리 38

ㅋ
캘빈 19
케플러 127
콜럼버스 98
퀴비에 26

ㅌ
토리첼리 78
퇴적물 18
티티우스 – 보데 법칙 140

ㅍ
파스칼 82
판 구조론 62
페렐 세포 102
편서풍 100
풍력 계급 92
프레온 가스 119

ㅎ
하워드 88
해구 70
해들리 세포 102
해령 70
해리 헤스 66
해왕성 135
해저 확장설 68, 71
허턴 17
혜성 139

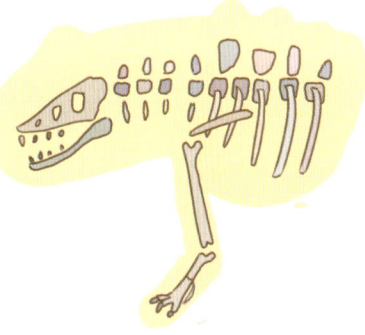

상위 5% 총서
상위 5%로 가는 지구과학교실 4 | 지구과학사

초판 1쇄 발행 2008년 11월 17일   초판 14쇄 발행 2016년 8월 5일

글 신학수, 이복영, 백승용, 구자옥, 김창호, 김용완, 김승국
그림 이윤정
펴낸이 연준혁   스콜라 부문대표 황현숙

출판 5분사 편집장 윤지현
편집 김숙영

펴낸곳 (주)위즈덤하우스 · **출판등록** 2005년 5월 23일 제13-1071호
제조국 대한민국 · **주소** 경기도 고양시 일산동구 정발산로 43-20 센트럴프라자 6층
전화 (031)936-4000 · **팩스** (031)903-3891 · **전자우편** scola@wisdomhouse.co.kr
홈페이지 www.wisdomhouse.co.kr · **스콜라 카페** http://cafe.naver.com/scola1

ⓒ (주)불지사, 2008
ISBN 978-89-6247-025-3 74450
ISBN 978-89-92010-77-1 (세트)

이 책은 저작권법에 따라 보호받는 저작물이므로 무단전재와 무단복제를 금지하며,
이 책 내용의 전부 또는 일부를 이용하려면 반드시 저작권자와 (주)위즈덤하우스의 동의를 받아야 합니다.
＊잘못된 책은 바꿔드립니다.   ＊이 책의 사용 연령은 8~13세입니다.

스콜라는 (주)위즈덤하우스의 아동 · 청소년 브랜드입니다.

국립중앙도서관 출판예정도서목록(CIP)

(상위 5%로 가는) 지구과학교실. 4, 지구과학사 / 신학수, 이복영, 백승용, 구
자옥, 김창호, 김용완, 김승국 지음 ; 이윤정 그림. – 서울 : 스콜라, 2008
   p. ;   cm. – (상위 5% 총서 ; 020)

ISBN 978-89-6247-025-3 74450 : ₩9800
ISBN 978-89-92010-77-1 (세트)

지구과학[地球科學]
450-KDC4   CIP2008003234

특별부록

논술로 다시 읽는 지구과학사

- **첫 번째 마당** – **'분류'는 논리적 사고의 출발점!**
  구름을 분류한 루크 하워드
- **두 번째 마당** – **논리적인 분류**
  바람이라는 연속체를 분류한 보퍼트
- **세 번째 마당** – **정합성과 합목적성을 생각하며 쓰자**

논술 집필
대표집필_신현숙(한국언어사고개발원 부원장)
최윤지(한국언어사고개발원 연구원), 신운선(한우리독서문화운동본부 강사),
김은영(독서교육기관 강사), 김주희(평생교육원 독서논술 강사), 신혜금(평생교육원
논술, 독서치료 과정 강사), 인선주(한우리독서지도사, 한국독서지도연구회 연구원)

첫 번째 마당

'분류'는 논리적 사고의 출발점!
구름을 분류한 루크 하워드

영국의 루크 하워드가 구름을 과학적으로 연구하고 이를 통해 근대 기상학의 토대를 닦았다는 이야기는 여러분도 이미 알고 있겠죠?

책에서도 나오듯이, 루크 하워드가 이 일을 위해 가장 먼저 했던 것은 바로 구름을 체계적으로 분류하는 일이었습니다. 여러분도 아래의 물건들을 각자 정한 기준에 따라 분류해 보세요.

분류가 쉬웠나요? 앞의 질문에 대한 정답은 하나가 아닙니다. 하나의 기준을 세우고 거기에서 벗어나지만 않았다면 모두 정답이지요. 그럼 다른 친구들이 분류한 결과를 알아볼까요? 여러분이 세운 기준은 다른 친구들과 같은지 비교해 봅시다.

희성
난 생물과 무생물로 물건들을 분류했어.

생물 : 강아지, 팬더, 유니콘, 쥐

무생물 : 가위, 토성, 시계, 인공 위성, 자동차, 바위, 선풍기, 게임기

진희
난 자연물과 인공물.

자연물 : 강아지, 팬더, 쥐, 토성, 바위

인공물 : 가위, 시계, 인공 위성, 유니콘, 자동차, 선풍기, 게임기

현종
어, 그, 난 내가 직접 본 적이 있는 것들과 아닌 것들로······.

내가 본 적이 있는 것 : 가위, 강아지, 시계, 팬더, 자동차, 바위, 선풍기, 게임기

내가 본 적이 없는 것 : 토성, 인공 위성, 유니콘

소희
난 이름이 두 글자인 물건과 그렇지 않은 것으로!

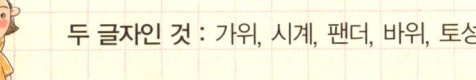

두 글자인 것 : 가위, 시계, 팬더, 바위, 토성

두 글자가 아닌 것 : 강아지, 자동차, 선풍기, 게임기, 인공 위성, 유니콘

3

여러분은 다른 친구들이 분류한 것과 비슷했나요? 아니면 많이 달랐나요?

어떤 사물을 분류할 때, 정확한 기준을 갖고 분류했다면 어떤 방식이든 정답이지만, 기준을 정확하게 세우지 못했거나 기준을 세웠더라도 그 기준에 맞지 않는 방법으로 분류했다면 그것은 틀린 답입니다. 혹시 그랬다면 다시 한 번 물건들을 분류해 보세요.

이처럼 명확한 기준을 가지고 사물을 분류하는 일은 그야말로 과학적이고 논리적인 사고의 시작이라고 할 수 있습니다.

분류를 이해하기 위해서는 먼저 '종류'를 이해할 필요가 있습니다. 종류는 공통성을 가진 수많은 개체를 몽땅 일컫거나, 공통성을 가진 여러 집합의 집합을 말합니다. 종류에는 하위 종류, 상위 종류, 동위 종류가 있습니다. 가장 아랫단계에 있는 하위 종류는 공통성을 가진 수많은 개체의 집합이고, 상위 종류는 하위 종류의 집합입니다. 이처럼 종류에 따라 어떤 사물이나 개체를 묶는 것을 분류라고 합니다.

그럼 이런 분류를 하는 목적은 무엇일까요? 분류는 우리 주변에 있는 무수한 사물에서 공통성을 찾아 하나의 종류라는 것을 알게 해 줍니다. 그리고 공통성이 있는 수많은 종류를, 하나의 상위 종류로 인식하게 하기도 합니다. 그렇게 되면 사람들은 한 개체가 다른 개체와 어떻게 관련되는지 또는 관련이 없는지를 알게 되는 것이지요.

명확한 기준을 가지고 사물을 분류해야 해요!

이런 점에서 분류는 우리가 알고 있는 지식을 조직하는 기본적인 방법이기도 합니다. 만약 우리가 알고 있는 지식을 같은 종류끼리 묶거나 나눌 수 없다면 우리는 그것들을 이해하기도 또 기억하기도 어려울 것입니다.

분류를 할 때는 분류 기준이 있어야 합니다. 이 점은 우리가 앞에서 실험해 본 결과를 보면 알 수 있을 것입니다. 분류의 기준은 개체나 하위 종류 사이의 공통성입니다. 그런데 분류의 기준이 되는 공통성은 분류하는 사람의 관심과 목적에 따라서 선택됩니다. 분류 기준이 다르면 한 개체가 다른 종류로 분류되고, 한 하위 종류가 서로 다른 상위 종류로 분류되기도 합니다.

그리고 분류의 방법은 분류의 목적과 관계가 있습니다. 어떤 목적으로 분류하는가에 따라 분류의 체계가 달라질 수 있습니다. 그래서 우리가 어떤 개념이나 사물을 분류할 때는 분류에 들어가기 전에 분류의 목적을 확인하고 이 목적에 맞는 분류 기준을 설정해야 합니다. 분류 기준이 설정되면 이 기준에 의해서만 분류해야 하는 것은 기본이겠지요.

정확한 목적을 가지고 분류해야, 그 기준을 정할 수 있지.

　　　　분류는 논술문 쓰기에도 매우 중요한 역할을 합니다.
　어떤 종류가 다른 종류와 어떤 관계가 있는지, 또 어떤 종류가 다른 종류와 더불어 어떤 점에서 하나의 상위 종류에 속하는지를 설명하거나 증명하는 데 쓰일 수 있기 때문입니다.
　뉴턴이 사과나무에서 떨어지는 사과를 보고 만유인력을 발견했다는 유명한 일화가 있습니다. 이 이야기는 뉴턴이 '만유인력이 있다'는 기준에서 사과와 지구를 같은 종류로 분류할 수 있었기 때문에 생겨난 것이나 마찬가지지요.
　하나의 새로운 분류는 그 자체로 새로운 시각이라고 할 수 있습니다. 결국 뉴턴은 사과와 지구, 나아가 (질량을 가진) 모든 물질을 같은 종류로 분류해 낼 수 있었던 것이고요.
　사과 두 개와 까마귀 두 마리에서 '2'라는 공통점을 찾아내는 것 또한 분류 기준을 찾는 것의 하나지요. 가설을 세우고 실험을 설계하는 것에서도 이렇게 눈앞에서 일어나는 현상에 대해 해석하고 분류하는 것이 가장 우선이 되어야 합니다.
　다시 루크 하워드의 이야기로 돌아가 보겠습니다. 루크 하워드는 단순히 구름을 여러 가지로 분류하기만 한 것이 아니라, 이 구름을 통해 날씨의 변화를 체계적으로 예측할 수 있다고 생각했고 실제로 그것을 연구했습니다. 단순히 구름을 고양이 닮은 구름, UFO 닮은 구름으로 분류하는 것뿐이었다면, 이런 예측은 불가능했겠지요?
　집 안의 물건들을 분류하는 데에는 엄청나게 많은 기준이 있을 수 있겠지만, 자주 쓰는 것과 그렇지 않은 것, 학교에서 쓰는 것과 집에서 쓰는 것과 같은 분류 기준이 주로 쓰이는 것은 바로 그러한 기준이 실제로 유용하기 때문입니다.
　분류를 잘하기 위해서는 어떤 개념에 대해 잘 알아야 하고, 그것의 상위 개념이 무엇인지 하위 개념에는 또 어떤 것들이 있는지 이해해야 한다는 점을 알 수 있었나요?

  분류를 잘할 수 있다는 것은 그만큼 사고가 조직적이라는 뜻도 됩니다. 또한 분류 연습을 많이 하면 사고를 조직적으로 발달시킬 수 있다는 뜻도 됩니다. 이러한 조직적인 사고 능력은 논술이 요구하는 가장 기본적인 사고 능력이라고 할 수 있습니다.

두 번째 마당

논리적인 분류

바람이라는 연속체를 분류한 보퍼트

물론 앞에서처럼, 구름을 여러 가지로 분류한 사람이 루크 하워드가 처음은 아닐 것입니다. 첫 번째 마당에서도 보았듯이 어린아이들도 구름이 UFO 모양이라든가 토끼 모양이라든가 하는 식으로 상상하곤 하는데, 이 역시 분류라고 할 수 있을 테니까요. 다만 루크 하워드는 좀 더 전문적이고 과학적인 기준을 설정하고 그에 따라 결과를 정리하여 발표했다는 점이 다를 것입니다.

그런데 무지개나 바람과 같은 연속된 것들은 어떻게 분류할 수 있을까요? 이에 대해 생각하면서 다음 색깔들을 분류해 보세요.

위의 색깔들을 잘 분류할 수 있었나요? 이 문제 역시 정답은 없습니다. 이번에도 다른 친구들이 어떻게 분류했는지를 살펴볼까요?

이번에도 조금 어려웠나요? 아니면 더 쉬웠나요? 여러분은 어떻게 분류했나요? 이번 문제도 정답이 없는 문제라서 오히려 더 어려웠을지도 모르겠네요.

색깔이나 바람, 파도처럼 중간에 끊어지지 않고 계속되는 것들을 우리는 연속체라고 부릅니다. 이런 연속체를 분류하는 것은 조금 더 어렵지만, 불가능한 것은 아니지요. 위와 같은 방식으로 분류하는 것도 가능하고, 네 친구 모두 정답이라고 할 수 있습니다.

이쯤에서 바람을 분류한 보퍼트를 다시 생각해 봅시다. 물론 정확히 말하자면 보퍼트도 바람을 분류한 최초의 사람은 아닙니다. 게다가 이미 바람을 분류한 다른 학자들까지 있었지요. 하지만 보퍼트는 바람을 더 과학적이고 체계적으로 분류했고, 결국 그것을 완성했습니다. 그리고 그것이 가장 많은 사람들의 인정을 받았기 때문에 지금까지도 보퍼트의 이름이 전해지고 있는 것이지요.

그런데 바람을 분류하기가 쉬운 일은 아니라는 것을 여러분도 잘 알고 있지요? 정확하게 어디서 어디까지라고 나눌 수 있는 기준이 있는 것이 아니고 아주 거센 바람부터 사람이 거의 느끼기 힘든 수준의 바람까지 무한한 종류가 있습니다. 다시 말하면 디지털처럼 0과 1로만 구분할 수 있는 것이 아니라 아날로그 같다고나 해야 할까요?

이처럼 연속체를 나누는 것은 쉽지 않은 일입니다. 여러분은 무지개를 몇 가지 색으로 나눌 수 있나요? 우린 보통 무지개를 빨주노초파남보의 일곱 가지 색으로 나누곤 하지만, 나라마다 민족마다 달라서 무지개를 다섯 가지 색으로 나누기도 하고 심지어 두 가지 색으로 나누는 경우도 있다고 합니다. 그리고 사실 그 각각의 색깔의 경계가 선명하게 보이는 것은 아닙니다. 그래서 엄밀하게 말하면 무지개 색깔이 일곱 가지라고 단순하게 말하는 것에는 무리가 있을 수 있습니다.

그러면 대체 연속체를 어떻게 나눠야 하는 걸까요?

바로 앞의 주제에서 설명한 것처럼 분류하는 목적을 먼저 생각해야 합니다.

보퍼트는 자신이 바람을 분류하는 목적을 잊지 않고 거기에 맞춰서, 그리고 실제로 무엇을 기준으로 분류할 수 있는가를 생각했습니다. 그래서 배의 돛이나 바다의 표면, 나뭇가지나 깃발 등이 어떻게 움직이는가를 기준으로 삼고 바람을 분류했습니다. 이렇게 분류한 표는 실제로 적용하기도 그리 어렵지 않았기 때문에 널리 알려지고 인정받게 된 것이지요. 이처럼 연속체는 그 자체로는 분류하기가 쉽지 않지만 정확한 기준을 세우고 그것들을 목적에 맞게 분류한다면 좋은 분류가 될 수 있습니다.

논술 문제 1 이 책을 읽고 지구과학을 공부해야 하는 이유를 알게 되었나요? 지구과학을 공부하는 이유는 자연에서 일어나는 여러 현상과 사실 자료를 통해 자연의 질서를 이해하려는 것입니다. 그런데 전문가가 아닌 사람들이 자연 현상을 관찰한다고 해서 자연의 질서를 금방 이해할 수 있는 것은 아닙니다. 그래서 우리는 지구과학의 발전을 위해 애쓰고 노력한 과학자들에게 감사해야 하는 것인지도 모릅니다.

아래 과학자들은 모두 지구 과학의 발전을 위해 노력한 분들입니다. 이 분들을 기준을 정해 분류하고 그 과정을 글로 써 보세요.

> 찰스 라이엘, 퀴비에, 아그리콜라, 모호로비치치, 윌리엄 스미스, 베게너, 해리 헤스, 토리첼리, 파스칼, 루크 하워드, 프랜시스 보퍼트, 윌리엄 페렐, 클리블랜드 애비, 티코 브라헤, 윌리엄 허셜, 허블

예시 글

지구과학에 속하는 분야는 네 가지이다. 먼저 지질 탐사나 암석 연구, 지구 내부를 조사하는 '지질 과학'이 있다. 다음으로 일기 예보, 장기 기후 예측, 황사 예보 등을 연구하는 '대기 과학'이 있다. 셋째는 해저 자원을 탐사하거나 해양 생물의 분포를 연구하는 '해양 과학'이 있다. 마지막으로 우주 탐사, 별과 은하 등의 특성 연구, 천체 관측을 하는 '천문학'이 있다.

위에 제시된 과학자들도 이런 기준에 따라 나누면 된다.

우선 찰스 라이엘, 퀴비에, 아그리콜라, 모호로비치치, 윌리엄 스미스, 베게너 등은 지질 과학을 연구한 사람들이다.

해양 과학을 연구한 사람으로는 해리 헤스가 있다. 토리첼리, 파스칼, 루크 하워드, 프랜시스 보퍼트, 윌리엄 페렐, 클리블랜드 애비는 대기 과학자이다. 타코 브라헤, 윌리엄 허셜, 허블은 천문학을 연구한 사람들이다.

이 사람들 중에는 죽기 전에 빛을 본 사람도 있고, 살아 있을 때는 고생만 하다가 죽은 지 한참이 지나서야 그 업적을 인정받은 사람도 있다.

그렇지만 모든 사람들의 공통점은 자기의 연구 분야에 매진함으로써 우리들이 지금처럼 지구의 비밀을 잘 알 수 있도록 했다는 점이다.

세 번째 마당
정합성과 합목적성을 생각하며 쓰자

　사물과 색을 분류하는 것에는 정답이 없지만, 세웠던 분류 방식이 중간에 달라진다거나 처음 세운 분류 방식에 맞지 않게 분류한다거나 하는 것은 명백하게 틀린 답이라는 것을 이제 여러분도 알 것입니다.
　이처럼 자신의 기준이나 주장을 세우고 거기에서 벗어나지 않는 것을 '정합성'이라고 합니다.
　우리가 논술문을 쓸 때는 자기 주장을 펼치게 됩니다. 그런데 논술문의 주장 또한 위의 문제에서 봤던 답들과 같아서 사람마다 많은 종류의 주장이 나올 수 있고 많은 경우 정답이 없으며 각자 조리 있고 논리적으로 자신의 근거를 밝힌다면 그것이 답이 됩니다.
　그렇지만 정말 조심해야 할 것이 있습니다.
　바로 정답은 없지만 틀린 답은 있다는 사실입니다. 자, 여러분의 글에서 다음과 같은 내용이 발견된다면 그 글을 읽는 사람이 어떤 느낌을 갖게 될지 생각해 보세요.

자기 주장을 펼칠 때 주의해야 할 점을 꼭 기억해 두세요!

- 자기 자신의 주장에 대해 반대되는 근거를 덧붙인다.
- 중간에 주장이 여러 가지로 나뉘어서 핵심이 없다.
- 결정적인 모순이 발견되었다.

이런 글을 정합성이 없는 글이라고 합니다. 이런 글은 이미 남들에게 보여 주기도 전에 실패한 글과도 같습니다.

하워드와 보퍼트는 각각 구름과 바람을 분류한 최초의 사람이 아니었음에도 불구하고 그들의 기준이 널리 인정을 받았습니다. 그 이유는 실제로 많은 사람들이 그들의 기준을 사용하는 데 문제가 없었기 때문입니다. 그럴 수 있었던 이유는 그들의 기준이 실제로 기상 관측이나 항해에 유용하게 쓰였기 때문이며, 그들이 이러한 목적을 미리 분명하게 알고 거기에 맞는 분류 기준들을 도입하고 거기에 맞게 분류했기 때문입니다.

이처럼 원래의 목적에 맞는 정확한 기준을 사용하고, 주장에 걸맞게 정확한 근거를 대는 것을 '합목적성'이라고 합니다.

어떤 사물을 분류한다고 생각해 보세요. 그런데 우리가 그 사물들을 이름이 두 글자인 것과 그렇지 않은 것들로 분류해도 정합성을 충족한다면 그것 자체로 틀린 것은 아닙니다.

하지만 분류를 하는 원래 목적이 어떤 것을 쓰레기통에 버리고 어떤 것을 재활용할지에 대한 것이었다면 어떻게 될까요? 그렇다면 위의 기준은 틀리지 않았을 뿐 좋은 방법이라고는 결코 할 수 없을 것입니다.

토론이나 논술 또는 과학에서 이러한 정합성과 합목적성이 왜 중요한지 알게 되었나요?

여러분도 글을 쓰고 나면 자신의 글을 한번씩 더 읽어 보면서 이런 부분에 부족한 점은 없는지 잘 살펴보도록 하세요. 아, 물론 글 쓰기를 계획하는 단계에서나 글을 쓰는 과정에서도 이 정합성과 합목적성을 계속 의식하고 있어야 하는 것이지요.